ORDRE DES AVOCATS

PRÈS LA COUR D'APPEL DE MONTPELLIER

CATALOGUE

DE LA

BIBLIOTHÈQUE

1882

MONTPELLIER
IMPRIMERIE GROLLIER ET FILS, BOULEVARD DU PEYROU

CATALOGUE

DE LA

BIBLIOTHÈQUE DE L'ORDRE DES AVOCATS

PRÈS LA COUR D'APPEL DE MONTPELLIER

ORDRE DES AVOCATS

PRÈS LA COUR D'APPEL DE MONTPELLIER

CATALOGUE

DE LA

BIBLIOTHÈQUE

1882

MONTPELLIER

IMPRIMERIE GROLLIER ET FILS, BOULEVARD DU PEYROU

EXTRAIT DU CATALOGUE DE LA BIBLIOTHÈQUE

(Édition de 1866)

La Bibliothèque de l'Ordre des Avocats, aujourd'hui considérablement accrue, a été fondée par M. Polier, un des membres les plus honorables du Barreau de Montpellier.

En acceptant le legs qui avait été fait à l'Ordre, le Conseil de discipline s'exprimait ainsi, dans une délibération du 22 juillet 1821 :

« M. le Bâtonnier, en rappelant au Conseil la perte que
» l'Ordre a éprouvée par la mort de M. Polier, doyen et ancien
» bâtonnier, a fait part du legs que cet avocat, guidé par son
» attachement pour la profession qu'il avait si dignement
» exercée, a fait à l'Ordre des Avocats de tous ses livres de
» droit dans son dernier testament, reçu par Me Massal,
» notaire. Il a ajouté que tous ses livres avaient été délivrés
» et portés dans la Bibliothèque, à l'établissement de laquelle
» M. Polier avait donné ses soins, en sorte que l'on peut, à
» juste titre, l'en proclamer le fondateur. Le Conseil, péné-
» tré de reconnaissance pour le témoignage d'attachement
» donné par M. Polier à l'Ordre des Avocats, a délibéré qu'un
» portrait de M. Polier serait placé dans la salle de la Biblio-
» thèque, afin de perpétuer le souvenir du bienfait et de la
» reconnaissance. »

C'est remplir un devoir et se conformer à la pensée qui a dicté cette délibération, que de placer en tête de ce Catalogue le nom du Fondateur de la Bibliothèque de l'Ordre.

RÈGLEMENT

DÉLIBÉRATION DU CONSEIL DE DISCIPLINE

EN DATE DU 28 DÉCEMBRE 1880

Dans l'intérêt de la conservation de la Bibliothèque, aucun livre appartenant à l'Ordre des Avocats ne pourra être pris, pour être emporté hors du Palais, que sur une autorisation spéciale, qui sera délivrée par le Bibliothécaire de l'Ordre.

EXTRAIT D'UNE DÉLIBÉRATION DU CONSEIL DE L'ORDRE

A LA DATE DU 14 JANVIER 1882

LE CONSEIL,

Considérant que la délibération déjà prise par le Conseil, à la date du 28 décembre 1880, est insuffisante, et que, malgré ses dispositions formelles, des livres appartenant à l'Ordre se sont égarés ;

Que dans cette situation il est indispensable d'adopter un

règlement qui détermine les conditions dans lesquelles les volumes de la Bibliothèque pourront être consultés ;

Arrête ce qui suit :

Art. 1. — Un exemplaire du Catalogue est à la disposition du Barreau sur la grande table de la Bibliothèque.

Art. 2. — Les membres du Barreau doivent remettre ou faire remettre à leur place, immédiatement après s'en être servis, tous les volumes déplacés par eux.

Afin d'éviter les erreurs, chaque volume portera à l'intérieur, sur une étiquette spéciale, la lettre du compartiment et le numéro du rayon dans lequel il est casé.

Art. 3. — Les membres du Barreau ont la faculté de prendre dans la Bibliothèque, et de transporter ou faire transporter à l'audience de la Cour et du Tribunal les volumes qui leur sont nécessaires.

En ce cas, ils doivent s'assurer que ces volumes sont réintégrés dans la Bibliothèque entre les mains de l'appariteur.

Art. 4. — Les membres du Barreau ne peuvent emporter hors du Palais les volumes de la Bibliothèque qu'à la condition d'inscrire sur un registre spécial, qui sera mis à leur disposition, leur nom, la désignation du volume emporté, la date de la sortie.

Ces volumes devront être réintégrés à la Bibliothèque dans les 48 heures au plus tard, à moins d'une autorisation expresse et spéciale du Bibliothécaire de l'Ordre.

Il sera fait mention de la rentrée et de sa date sur le registre dont il est ci-dessus parlé.

Art. 5. — Aucune personne étrangère à l'Ordre ne peut

consulter ou emporter les livres de la Bibliothèque sans en avoir obtenu l'autorisation. Elle devra à cet effet s'adresser au Bibliothécaire, lequel en réfèrera, s'il y a lieu, au Bâtonnier.

Art. 6. — Le Conseil invite les membres de l'Ordre à se conformer scrupuleusement, dans l'intérêt commun, à l'observation des articles de ce règlement.

Il y a deux Catalogues :
Un premier, par ordre des matières et précédé d'une table ;
Un second, par ordre alphabétique.

Dans ces deux Catalogues, chaque ouvrage est suivi d'une lettre et d'un chiffre. La lettre indique le compartiment de la Bibliothèque dans lequel se trouve le volume. Le chiffre indique le rayon du compartiment.

Des blancs ont été ménagés dans les deux Catalogues pour permettre aux intéressés de les tenir au courant au moyen de notes supplémentaires qui seront distribuées annuellement.

ERRATA

Page 4, 24ᵉ ligne. — Au lieu de : *Repetitæ de prælectionis*, lire : *Repetitæ prælectionis*.

Page 29, 13ᵉ ligne. — Le Franc Alleu de la Province de Languedoc a été classé par erreur sous la rubrique *Lois, édits, ordonnances*. Il doit prendre place à la page 30, sous la rubrique *Doctrine*, à la ligne 21.

Page 43, 8ᵉ ligne. — Cette édition d'ANTHOINE DE Sᵗ JOSEPH n'a que 3 volumes.

TABLE DU CATALOGUE PAR ORDRE DES MATIÈRES

PREMIÈRE PARTIE.

DROIT ROMAIN.. 3

DEUXIÈME PARTIE.

DROIT FRANÇAIS.

Chapitre Premier. — *Droit Français ancien.*

Section I. — Lois. Ordonnances. Édits........................ 9
    a. Recueils généraux...................................... 9
    b. Recueils spéciaux...................................... 10
        1° Droit civil et procédure........................ 10
        2° Droit commercial et maritime.................... 11
        3° Droit criminel................................. 11
        4° Droit canonique et ecclésiastique. Religion réformée. 11
        5° Eaux et forêts................................. 12
        6° Législation militaire........................... 12
        7° Finances...................................... 12

Section II. — Coutumes....................................... 12

Section III. — Doctrine...................................... 13
    a. Recueils généraux...................................... 13
    b. Recueils spéciaux...................................... 18
        1° Droit civil et procédure........................ 18
        2° Droit commercial et maritime.................... 23
        3° Droit criminel................................. 23
        4° Droit canonique................................ 24
        5° Eaux et Forêts................................. 26
        6° Matières spéciales............................. 26

Section IV. — Jurisprudence. Recueil d'arrêts.................... 27

Section V. — Ancien Droit Français, dans le Languedoc et la Provence.. 29
    a. Languedoc.. 29
        1° Lois et ordonnances........................ 29
        2° Doctrine................................. 30
        3° Jurisprudence............................ 31
    b. Provence... 33

Section VI. — Plaidoyers et mémoires.......................... 34

Chapitre Deuxième. — *Droit Français moderne.*

Section I. — Recueils généraux................................ 35
    Lois... 35
    Arrêts... 37
    Répertoires.. 39

Section II. — Les Codes (Codes annotés)........................ 41
    a. Code civil....................................... 42
        1° Texte. Motifs et Rapports.................. 42
        2° Ouvrages généraux......................... 43
        3° Traités spéciaux, suivant l'ordre du Code.......... 44
            Livre Premier. — Des Personnes............... 45
            Livre Second. — Des Biens et de la Propriété.... 51
            Livre Troisième. — Manière d'acquérir la propriété. 54
    b. Code de Procédure civile......................... 65
        1° Texte. Motifs et Rapports.................. 65
        2° Ouvrages généraux......................... 65
        3° Traités spéciaux suivant l'ordre du Code........... 67
    c. Code de Commerce................................ 73
        1° Texte. Motifs et Rapports.................. 73
        2° Ouvrages généraux......................... 74
        3° Traités spéciaux, suivant l'ordre du Code.......... 75
            Livre Premier — Du Commerce en général..... 75
            Livre Second. — Du Commerce Maritime....... 79
            Livre Troisième. — Faillites et Banqueroutes... 82
            Livre Quatrième. — Juridiction commerciale... 84

d. Codes d'Instruction criminelle et Pénal. Texte............	85
1º Recueils généraux...............................	85
2º Instruction criminelle............................	86
3º Code Pénal.......................................	87
e. Code forestier...	88
f. Lois rurales...	88

SECTION III. — *Droit Administratif*............................... 89
    a. Recueils généraux..................................... 89
        Doctrine.. 89
        Jurisprudence....................................... 90
    b. Recueils spéciaux...................................... 91

SECTION IV. — *Matières spéciales*.............................. 93
    1. Assistance judiciaire................................. 93
    2. Assurances.. 93
    3. Avocats. Barreau.................................... 94
    4. Chasse.. 95
    5. Chemins de fer...................................... 96
    6. Contributions directes............................... 97
    7. Contributions indirectes............................. 97
    8. Douanes.. 98
    9. Cultes. Droit ecclésiastique.......................... 99
    10. Droit des gens..................................... 100
    11. Droit industriel. Brevets d'invention. Concurrence déloyale. 101
    12. Eaux.. 102
    13. Économie politique................................. 103
    14. Élections.. 104
    15. Enregistrement.................................... 105
    16. Établissements dangereux, insalubres.............. 106
    17. Expropriation pour cause d'utilité publique........ 106
    18. Enseignement. Instruction publique............... 107
    19. Justice militaire................................... 107
    20. Médecine légale................................... 108
    21. Mines... 109
    22. Notaires. Responsabilités......................... 109
    23. Organisation judiciaire............................ 110
    24. Presse.. 111
    25. Télégraphes...................................... 112

26. Théâtres... 112
27. Usages locaux...................................... 113
28. Valeurs mobilières................................. 113

TROISIÈME PARTIE.

LÉGISLATION ÉTRANGÈRE 114

QUATRIÈME PARTIE.

MATIÈRES DIVERSES 118
   1. Philologie....................................... 118
   2. Philosophie. Morale............................ 119
   3. Histoire... 120
   4. Histoire locale. Dép. de l'Hérault, Montpellier........... 123
   5. *Varia*... 125

CATALOGUE

PAR ORDRE DES MATIÈRES

PREMIÈRE PARTIE

DROIT ROMAIN

Alciat. Subtilissimi Andreæ Alciati Mediolanensis Lectura in tit. de Verborum Obligationibus. — *Lugduni*, 1546. *1 vol. petit in-12.* **A 2**

Alexandrinus. Julii Clari Alexandrini j. c. Opera omnia, sive Practica civilis atque criminalis. — *Lugduni*, 1672. *1 vol. in-fol.* **A 3**

Bartole. Bartoli Commentaria in Digestum et Codicem. — *Lugduni*, 1552. *5 vol. in-fol.* **A 5**

Benedictus. Guliel. Benedicti j. c. clarissimi Repetitio in cap. Raynutius, extra de Testamentis. — *Lugduni, apud Barthol. Vincentium*, 1582. *1 vol. in-fol.* **A 3**

Berengarius. Berengarii Fernandi universa Opera. — *Tolosæ, apud viduam Arnaldi Tenne*, 1728. *1 vol. in-fol.* **A 1**

Boerius. Boerii Decisiones Burdigalenses summa diligentia et eruditione collectæ et explicatæ. — *Coloniæ Allobrogum*, 1614. *1 vol. in-fol.* **A 3**

Brunnemann. Joannis Brunnemanni j. c. Commentarius in duodecim libros Codicis Justinianei ; editio novissima. — *Lugduni, apud Floridum Martin*, 1669. *1 vol. in-fol.* **A 4**

— Commentarius in quinquaginta libros Pandectarum. — *Francofurti ad Mænum, typis Christophori Guntheri*, 1683. *2 vol. in-fol.* **A 4**

Calvinus. Paratitla Digestorum Juris Justinianæi methodica Cujacio, Pacio, Wesembecio et optimis quibus que juris consultis aliis selecta, in tomos duos distributa : Johan-Calvini Wetterani studio edita. — *Francofurti,* 1612. 2 *vol. in-4°.* **A 3**

Colombet (Claude). Abrégé de la Jurisprudence Romaine, divisé en 7 parties, à l'imitation des Pandectes de Justinien ; 4° édition.— *Paris, Théodore Girard,* 1671. 1 *vol. in-4°.* **A 4**

— In quinquaginta libros Pandectarum seu Digestorum Paratitla. Editio nova. — *Tolosæ,* 1701. 1 *vol. in-12.* **A 3**

Corvinus (Arnold.). Jurisprudentiæ Romanæ summarium, seu Codicis Justinianei methodica enarratio. — *Amstelodami, apud Ludovicum et Danielum Elzevirios,* 1655. 1 *vol. in-4°.* **A 3**

Cujas. Jacobi Cujacii j. c. præstantissimi Opera omnia in decem tomos distributa. Editio nova emendatior et auctior, opera et cura Caroli Annibalis Fabroti j. c. — *Lutetiæ Parisiorum,* 1658. 10 *vol. in-fol.* **A 6**

Digestum vetus. Infortiatum. Digestum novum. Cum Commentariis Accursii et scholiis Contii, et paratitlis Cujacii, nec non multorum aliorum doctorum virorum observationibus. — *Parisiis, apud Sebastianum Nivellium,* 1576. 3 *vol. in-fol.* **A 6**

Volumen legum parvum quod vocant : in quo hæc insunt tres posteriores libri Codicis Justinianei. — *Parisiis, apud Sebastianum Nivellium,* 1576. 1 *vol. in-fol.* **A 6**

Codicis Justiniani sacratissimi principis repetitæ de prælectionis libri XII. Accursii commentariis et multorum veterum ac recentiorum jurisprudentum illustrati... accesserunt his chronici Canones. — *Parisiis, apud Sebastianum Nivellium,* 1576. 1 *vol. in-fol.* **A 6**

Digestorum seu Pandectarum juris civilis volumina. — *Parisiis, ex officina Roberti Stephani,* 1527-1528. 6 *vol. in-12.* **A 3**

Fabrianus Codex, definitionum forensium et rerum in sacro Sabaudiæ senatu tractatarum. — *Genevæ, sumptibus Petri Chouët,* 1674. 1 *vol. in-fol.* **A 1**

Faber. Antonii Fabri j. c. Sebusiani De Erroribus Pragmaticorum et interpretum juris. — *Lugduni,* 1598. 2 *vol. in-4°.* **K 1**

Faber. Antonii Fabri Sebusiani Conjecturarum Juris Civilis libri sex. — *Lugduni,* 1598. 1 vol. in-4°. **K 1**

— Jurisprudentiæ Papinianeæ Scientia ad ordinem Institutionum Imperialium reformata, opus Antonii Fabri. — *Lugduni,* 1607. 1 vol. in-4°. **A 3**

Fabrotus. Caroli Hannibalis Fabroti j. c. Stromatum libri II. — *Aquis Sextiis,* 1610. 1 vol. in-12. **A 2**

— ΒΑΣΙΛΙΚΩΝ. Libri LX in VII tomos divisi Carolus Annibal Fabrotus latine vertit et græce edidit. — *Parisiis, Sebastian Cramoisy et Gabrielis Cramoisy,* 1647. 7 tomes en 6 vol. in-fol. **A 4**

Ferrariis (J. Petri de) Aurea Practica. — *Lugduni, sumptibus Philippi Tinghi florentini,* 1577. 1 vol. in-fol. **O 2**

Freüsleben. Corpus Juris civilis Academicum in duas partes distributum, auctore Christoph. Henri. Freüsleben, alias Ferromontano. Editio nova. — *Coloniæ Munatianæ,* 1775. 2 tomes en 1 vol. in-4°. **A 3**

Fusarius. Vincentii Fusarii Consiliorum, sive responsorum ultimarum voluntatum libri duo. — *Genevæ, apud Joan de Tournes et Jacob de la Pierre,* 1630. 1 vol. in-fol. **A 1**

— Vincentii Fusarii Tractatus de Substitutionibus in duas partes distinctus. — *Genevæ, sumptibus Jacobi Crispini,* 1641. 1 vol. in-fol. **A 1**

Gothofredus (Dionysius). Series Digestorum et Codicis, auct. Gothofredo. — *S. l. n. d.* 1 vol. in-18. **A 2**

— Corpus Juris Civilis a Dio. Gothofredo recognitum. — *Genevæ, ex typographia Jacobi Stoer,* 1614. 2 vol. in-12. **A 3**

— Corpus Juris Civilis in quinque partes distinctum. His accesserunt notæ repetitæ tertiæ quartæ que prælectionis; Dionysio Gothofredo j. c. auctore. Postrema Editio. — *Genevæ, apud Johannem Vignon,* 1615. 2 vol. in-fol. **A 6**

— Corpus Juris Civilis Justinianei cum commentariis Accursii, scholiis Contii et Dionysii Gothofredi. — *Lugduni, sumptibus Claudii Landri,* 1618. 6 vol. in-fol. **A 5**

Gothofredus (Jacobus). Fontes quatuor Juris Civilis in unum collecti. — *Genevæ,* 1653. 1 vol. in-4°. **A 3**

Gothofredus (Jacobus). Opuscula varia juridica, politica, historica, critica. — *Genevæ*, 1654. 1 vol. in-4°. **A 3**

— Codex Theodosianus cum perpetuis commentariis Jacobi Gothofredi, opus posthumum; recognitum et ordinatum ad usum Codicis Justinianæi. — *Lugduni, sumptibus Joannis Antonii Huguetau et Marci Antonii Ravaud*, 1665. 6 tomes en 3 vol. in-fol. **A 4**

Goveanus. Antonii Goveani j. c. clarissimi Opera. — *Lugduni, sumptibus Irenæi Barlet*, 1622. 1 vol. in-12. **A 2**

Grassus. Tractatus de Successione tam ex testamento quam ab intestato, et aliarum ultimarum voluntatum jura. — *Lugduni, sumptibus Petri Landry*, 1603. 2 tom. en 1 vol. in-fol. **A 5**

Gronovius. Joh. Frederici Gronovii de Sestertiis libri IV. — *Lugduni Batavorum, ex officina Joannis du Vivié*, 1691. 1 vol. in-4°. **A 3**

Harmenopulus. Promptuarium Juris, interprete Joanne Mercero. — *Apud Guillelmum Leimarium*, 1587. 1 vol. in-4°. **A 3**

Hænonius. Philippi Henrici Hænonii Disputationum juridicarum libri tres. — 1 vol. in-12. **?**

Heineccius. Antiquitatum Romanarum jurisprudentiam illustrantium Syntagma, secundum ordinem Institutionum Justiniani digestum. — *Argentorati, sumptibus Reinholdi Dulsseckeri*, 1734. 2 vol. in-8°. **O 6**

— Jo. Gottlieb Heineccii j. c. celeberrimi Opera, in VIII tomos distributa. — *Genevæ, impensis Hered. Cramer et fratr. Philibert*, 1744-1748. 9 vol. in-4°. **A 1**

Hotomanus. Francisci Hotomani j. c. Commentarius in quatuor libros Institutionum Juris Civilis.—*Basileæ, ex officina Hervagiana*, 1569. 1 vol. in-fol. **A 4**

— Fr. Hotomani j. c. Quæstionum illustrium libri. — *S. l., apud Guillelmum Leimarium*, 1585. 1 vol. in-12. **A 2**

De Laudimiis Tractatus auctorum qui hactenus in ea commentarios conscripserunt. — *Ausgutæ Taurinorum*, 1629. 1 vol. in-fol. **A 2**

Marta. Tractatus de Clausulis de quibus in omnibus tribunalibus disputatum est a doctore Marta primum editus. — *Coloniæ Allobrogum*, 1618. 1 vol. in-4°. **A 3**

Menochius. Jacobi Menochii Papiensis j. c. excellent. De Arbitrariis judicum quæstionibus et causis centuriæ sex. — *Lugduni, apud Antonium de Harsy,* 1606. *1 vol. in-fol.* **A 2**

— Jacobi Menochii Commentarii de Præsumptionibus. — *Lugduni, apud Stephanum Michaelem,* 1588. *1 vol. in-fol.* **A 2**

Mornacius. Antonii Mornacii in senatu Paris. Patroni Observationes in Digestum et Codicem. — *Lutetiæ Parisiorum, sumptibus Ant. de Sommaville,* 1654-1660. *4 vol. in-fol.* **A 4**

Oinotomus. Joannis Oinotomi alias Schneidewini In Instit. Imperialium libros Commentarii. — *Genevæ, apud Petrum et Jacobum Chouët,* 1626. *1 vol. in-4º.* **A 3**

Pacius. Julii Pacii j. c. clariss. Analysis Institutionum Imperialium. — *Lugduni,* 1670. *1 vol. in-12.* **A 3**

Pandectæ Justinianeæ, in novum ordinem digestæ, cum legibus Codicis et Novellis. — *Parisiis, Saugrain, Desaint et Saillant,* 1748. *3 vol. in-fol.* **A 5**

Passeribus (Nicol. de). Conciliatio cunctarum legum. — *Francofurti et Lipsiæ,* 1685. *1 vol. in-4º.* **A 2**

Peregrini (Antonii). De Fideicommissis præsertim universalibus Tractatus frequentissimus. — *Francofurti,* 1645. *1 vol. in-fol.* **A 1**

Perezi (Ant.) j. c. Prælectiones in duodecim libros Codicis Justiniani imp. Editio tertia. — *Amstelodami, apud Ludovicum Elzevirium,* 1653. *1 vol in-fol.* **A 4**

— Institutiones imperiales erotemathibus distinctæ. Editio novissima. — *Versaliæ,* 1670. *1 vol. in-18.* **A 2**

Polletus. Franc. Polleti Duacensis j. c. Historia Fori Romani. — *Lugduni,* 1588. *1 vol. in-12.* **A 2**

Polyanthea novissima in libros XX dispertita. — *Francofurti sumptibus Lazari Zetzueri,* 1613. *1 vol. in-fol.* **A 1**

Ranchinus (Stephanus). Miscellanea Decisionum seu Resolutionum, opera et studio Philippi Bornerii. — *Genevæ, sumptibus Fabri et Barrilliot,* 1709. *1 vol. in-fol.* **A 3**

Rebuffus (Petrus). In tit. Dig. de Verborum et Rerum significatione Commentaria amplissima. — *Lugduni, apud Guillelmum Rouillum,* 1576. *1 vol. in-fol.* **A 2**

Roberti Annæi Aurelii j. c. Rerum judicatarum libri IV. Renovata editio. — *Genevæ,* 1620. *1 vol. in-12.* **A 2**

Ruffat. In quatuor libros Institutionum imperialium Commentarius academicus. — *Tolosæ,* 1732. *1 vol. in-8°.* **A 3**

Savigny (F. C.). Traité de la Possession en droit romain (traduit de l'allemand par Ch. Faivre d'Audelange). — *Paris,* 1842. *1 vol. in-8°.* **A 3**

Terrasson (Antoine). Histoire de la Jurisprudence romaine. — *Paris, chez Jean de Bailly,* 1750. *1 vol. in-fol.* **A 5**

Theophilus renovatus, sive levis ac simplex via ad Institutiones juris civilis. — *Tolosæ, apud Joannem Dupuy,* 1692. *1 vol. in-4°.* **A 3**

Theophilo antecessore græco interprete Institutiones. Imperatoris Justiniani Institutionum libri IV. — *Genevæ,* 1620. *1 vol. in-4°.* **A 3**

Thevenot Dessaules. Dictionnaire du Digeste et substance des Pandectes Justiniennes. — *Paris, Garnery,* 1808. *2 vol. in-4°.* **A 3**

Vegetii Fl., Renati Comitis aliorum que aliquot veterum de Re militari libri. — *Ex officina Plantiniana,* 1607. *1 vol. in-4°.* **A 3**

Voet Johannis Commentarius ad Pandecta. Editio nova. — *Parisiis, Gautier,* 1729. *4 vol. in-4°.* **A 3**

Vigié. Étude sur les Impôts indirects romains. Vicesima libertatis, vicesima hæreditatis; par M. Vigié, doyen de la Faculté de droit de Montpellier. — *Paris, Thorin,* 1881. *1 vol. in-8°.* **O 6**

Vinnius. Arnoldi Vinnii j. c. præstantissimi In quatuor libros Institutionum imperialium Commentarius. — *Antverpiæ, apud Viduam Hieronymi Verdussen,* 1692. *2 vol. in-4°.* **A 3**

— Arnoldi Vinnii in quatuor libros Institutionum imperialium Commentarius. — *Coloniæ Allobrogum et Lugduni, apud fratres de Tournes,* 1729. *2 tomes en 1 vol in-4°.* **A 3**

Wesenbecius. Matthæi Wesenbecii Commentarius in Institutionum juris libros IIII. — *Basileæ,* 1576. *1 vol. in-12.* **A 3**

— Matthæi Wesenbecii In Pandectas Juris civilis et Codicis Justiniánæi libros Commentarii. — *Basileæ,* 1595. *1 vol. in-4°.* **A 3**

DEUXIÈME PARTIE
DROIT FRANÇAIS

CHAPITRE PREMIER

DROIT FRANÇAIS ANCIEN

SECTION I. — Lois, Ordonnances, Édits.

a. — RECUEILS GÉNÉRAUX.

Baluze. Capitularia Regum Francorum. Additæ sunt Marculfi monachi et aliorum formulæ veteres et notæ doctissimorum virorum. — *Paris, Guillou,* 1780. 2 vol. in-fol. **B 4**

Codex legum antiquarum quibus accedunt formulæ solemnes priscæ publicorum privatorum que negotiorum. — *Francofurti,* 1593. 1 vol. in-fol. **B 1**

Code du Roy Henri III, roy de France et de Pologne. — *Lyon, pour les frères de Gabiano,* 1593. 1 vol. in-4°. **O 7**

Thomas Cormier. Le Code du très chrestien et très victorieux roy de France et de Navarre Henri IIII. — *S. l., pour Jean Arnaud,* 1608. 1 vol. in-4°. **O 7**

Ordonnance du roi Louis XIII sur les plaintes et doléances faites par les députez des Estats de son royaume, convoqués et assemblés en la ville de Paris en l'année 1614. Édition nouvelle. — *Toloze, R. Colomiez,* 1630. 1 vol. in-8°. **N 4**

Ordonnance de Louis XIV, roi de France et de Navarre ; ensemble les Edits et Déclarations touchant la réformation de la justice, du mois d'août 1669. — *Paris,* 1669. *1 vol. in-12.* **N 4**

Isambert, Decrusy et **Armet.** Recueil général des anciennes Lois françaises depuis l'an 420 jusqu'à la révolution de 1789. — *Paris, Belin le Prieur et Verdière. 29 vol. in-8°.* **M 9**

De Laurière, Secousse et **Villévault.** Ordonnances des Roys de France de la 3° race, recueillies par ordre chronologique. — *Paris, Imprimerie royale, 1723-1757. 14 vol. in-fol.* **B 4**

Néron Pierre et Etienne **Girard.** Recueil d'Edits et d'Ordonnances royaux sur le fait de la justice et autres matières les plus importantes. — *Paris, Montalant,* 1720. *2 vol. in-fol.* **B 1**

---

b. — RECUEILS SPÉCIAUX.

1. Droit civil et procédure.

Ordonnance du roi Louis XIV, roi de France et de Navarre, donnée à Saint-Germain en Laye, au mois d'avril 1667. — *Paris,* 1668. *1 vol. in-12.* **N 4**

Ordonnance de Louis XIV, roi de France et de Navarre ; ensemble les édits et déclarations touchant la réformation de la justice, du mois d'août 1669. — *Paris,* 1670. *1 vol. in-18.* **N 4**

Recueil des nouvelles Ordonnances et Règlements de Louis XV sur les affaires qui sont de nature à être portées au Conseil. — *Paris, Prault,* 1738. *1 vol. in-12.* **N 4**

Procès-Verbal des Conférences tenues par ordre du roy pour l'examen des articles de l'ordonnance civile d'avril 1667 et de l'ordonnance criminelle de 1670. — *Paris,* 1709. *1 vol. in-4°.* **K 3**

Code matrimonial, ou recueil complet de toutes les lois canoniques et civiles de France, des dispositions des conciles, des capitulaires, ordonnances sur les questions du mariage. — *Paris, Hérissant,* 1770. *2 vol. in-4°.* **K 2**

Ordonnance de 1735, concernant les testaments. — *1 vol. manuscrit.* **O 5**

2. *Droit commercial et maritime.*

Pardessus. Collection des lois maritimes antérieures au XVIIIe siècle. — *Paris,* 1828. *6 vol. in-4°.* **D 9**

3. *Droit criminel.*

Ordonnance de Louis XIV, roi de France et de Navarre, pour les matières criminelles, donnée à St-Germain en Laye, au mois d'août 1670. — *Paris,* 1671. *1 vol. in-18.* **N 4**

Ordonnance de Louis XIV, roi de France et de Navarre, donnée à St-Germain en Laye, au mois d'août 1670, pour les matières criminelles. — *Paris,* 1670. *1 vol. in-4°.* **O 5**

Dufriche de Valazé. Lois pénales. — *Alençon, Malassis le jeune,* 1784, *1 vol. in-8°.* **E 8**

4. *Droit canonique et ecclésiastique. Religion réformée.*

Corpus Juris Canonici, Gregorii XIII pontif. max jussu editum. Editio novissima. — *Lugduni,* 1618. *3 vol. in-fol.* **A 2**

Recueil des Edits de pacification, Ordonnances, Déclarations des rois de France en faveur de la religion prétendue réformée, depuis 1561 sous Charles IX, jusqu'en 1652 sous Louis XIV. — *Genève,* 1658. *1 vol. in-12.* **O 6**

Epistolæ Decretales Summorum Pontificum a Gregorio nono pontifice maximo collectæ. — *Antverpiæ, ex officina Christophi Plantini,* 1570. *1 vol. petit in-8°.* **A 2**

Concordata inter Leonem X summum pontificem et Franciscum I Galliarum regem cum pragmatica Sanctione et horum historia. — *Tolosæ, V. Boude,* 1703. *1 vol. in-12.* **O 6**

5. *Eaux et Forêts.*

De Sainct-Yon. Les Edicts et Ordonnances des Roys, coustumes des provinces, reglemens, arrests et jugements notables des Eaux et Forêts, recueillis et divisés en trois livres. — 1610. *1 vol. in-fol.* **B 1**

Ordonnance de Louis XIV sur le fait des Eaux et Forêts, vérifiée au Parlement et Chambres des Comptes. — *Paris*, 1726. *1 vol. in-12.* **N 4**

6. *Législation militaire.*

De Sparre (Chevalier). Code militaire, ou Compilation des Reglements et Ordonnances de Louis XIV faites pour les gens de guerre depuis 1651 jusques à présent. — *Paris*, 1707. *1 vol. in-12.* **N 4**

7. *Finances.*

Ordonnances et Règlements pour les Chambres des Comptes du royaume et sur le maniement des deniers du Roy. — *Montpellier, Daniel Pech*, 1687. *1 vol. petit in-8°.* **B 3**

SECTION II. — Coutumes.

Bourgogne (Coutume de). **Bouhier.** Les Coutumes du duché de Bourgogne avec les anciennes coutumes tant générales que locales de la même Province et les observations de M. Bouhier. — *Dijon*, 1742. *2 vol. in-fol.* **O 2**

Bretagne (Coutume de). **D'Argentré.** Commentarii in patrias Britonum leges, seu consuetudines generales antiquiss. Ducatus Britanniæ. — *Bruxellis, apud Balthazarum Vivien*, 1664. *1 vol. in-fol.* **B 1**

Bresse (Coutume de). Exposition abrégée des lois, avec des observations sur les usages des provinces de Bresse et autres régies par le Droit écrit. — *Paris, Huart et Moreau*, 1751. *1 vol. in-8°*.   **O 6**

Coutume de Paris.

Brodeau (Julien). Commentaire sur la coustume de la Prévosté et Vicomté de Paris. — *Paris, Rocolet*, 1658. *2 vol. in-fol.*   **N 2**

Tronçon. Le droit françois et coustume de la Prévosté et Vicomté de Paris, avec les arrets donnés en interprétation d'icelle. — *Paris*, 1664. *1 vol in-fol.*   **O 2**

Coustumes de la Prévosté et Vicomté de Paris, avec les notes de M. C. du Molin restituées en leur entier, ensemble les observations de M. J. Tournet, Joly et Charles Abbe. — *Paris*, 1678. *1 vol. in-12.*   **N 3**

Claude de Ferrière. Corps et Compilation de tous les commentateurs anciens et modernes sur la Coutume de Paris. 2me édition, revue par Claude-Joseph de Ferrière. — *Paris, Henri Charpentier*, 1714. *4 vol. in-fol.*   **B 2**

Desgodets. Les lois des bâtiments suivant la Coutume de Paris, avec les notes de Goupy. Nouvelle édition mise en rapport avec les lois et la jurisprudence moderne par Hugues Destrem, avocat à la Cour de Paris. — *Paris, Durand*, 1845. *1 vol. in-8°*.   **E 5**

Amiens et Senlis (Coutume d'). Jean-Marie **Ricard**. Traité des Donations entre vifs et testamentaires, avec la Coutume d'Amiens et la Coutume de Senlis. — *Paris*, 1713-1730. *2 vol. in-fol.*   **O 2**

SECTION III. — Doctrine.

a. — RECUEILS GÉNÉRAUX.

Alexandri ab Alexandro jurisconsulti Neapolitani Genialium dierum libri sex. — *Parisiis, apud Thomam Belot*, 1575. *1 vol. in-12.*   **A 2**

Ayrault. Opuscules et divers traictez. — *Paris*, 1598. *1 vol. in-18*. **N 3**

Bacquet (Jean). Les OEuvres de M. Jean Bacquet, avocat du roy en la Chambre du trésor, augmentées par MM. Claude de Ferrière et Claude-Joseph de Ferrière. — *Lyon, Duplain*, 1734. *2 vol. in-4°*. **O 2**

Béraud (André). Divers traités de Droit, contenant plusieurs nouvelles questions très-curieuses et utiles. — *Grenoble, Dumon*, 1576. *1 vol. in-8°*. **O 7**

Berthon (Gabriel, Seigneur de Fromental). Décisions du Droit civil, canonique et françois par ordre alphabétique, avec des observations sur l'ancienne et la nouvelle jurisprudence des païs qui se régissent par le droit écrit. — *Lyon, Duplain*, 1740. *1 vol. in-fol.* **B 1**

Boullenois (Louis). Traité de la Personnalité et de la Réalité des lois, coutumes ou statuts, par forme d'observation. — *Paris*, 1766. *2 vol. in-4°*. **O 5**

Le Brun de la Rochette (Claude). Les procès civil et criminel, contenant la méthodique liaison des droicts et de la practique judiciaire civile et criminelle. — *Lyon, Pierre Rigaud*, 1622. *1 vol. in-4°*. **K 1**

Brosses (P. des). Le Code des décisions forenses, disposé en 12 livres et par titres, selon l'ordre du Code Justinien. — *Cologne*, 1612. *1 vol. in-4°*. **K 3**

Charondas le Caron (Louis). Responses et décisions du Droit françois, confirmées par arrêts des Cours souveraines de ce royaume et autres. — *Paris*, 1612. *1 vol. in-fol.* **B 1**

Guy Coquille (OEuvres de). — *Paris, Billaine*, 1666. *2 vol. in-fol.* **O 2**

Covarruvias Didaci a Leyva Toletani episcopi Segobiensis In variarum resolutionum libros. — *Lugduni*, 1661. *2 vol. in-fol.* **N 2**

Decius Philippus. In tit. ff. de Regulis juris. — *Lugduni*, 1568. *1 vol. in-12*. **O 6**

Delommeau (Pierre). Les Maximes générales du Droit français, divisées en trois livres, dédiées au roy. — *Rouen*, 1614. *1 vol. in-18*. **N 4**

Domat. Les Loix civiles dans leur ordre naturel, le Droit public et Legum Delectus. Nouvelle édition, revue par de Héricourt. — *Paris, G. Cavalier,* 1735. *2 tom. en 1 vol. in-fol.* **B 2**

Duranti (J. Stephani) j. c. celeberrimi et amplissimi, Senatus Tholosani quondam primi præsidis, Quæstiones notatissimæ. — *Lugduni,* 1634. *1 vol. in-4°.* **B 3**

Everardus. Loci argumentorum legales auctore Nicolao Everardo a Middelburgo jurisconsulto. — *Lugduni, apud Gabriel Cotier,* 1556. *1 vol. in-12.* **A 2**

Dumoulin. Caroli Molinæi Franciæ et Germaniæ celeberrimi jurisconsulti Opera quæ exstant omnia : editio quarta in tomis distincta. — *Parisiis,* 1658. *4 vol. in-fol.* **B 2**

Fachinæus. Andreæ Fachinæi foroliviensis jurisc. Controversiarum juris tomi tres. — *Lugduni, apud Joannem Pillehotte,* 1612. *1 vol. in-fol.* **A 2**

Ferrière (Claude-Joseph de). Dictionnaire de Droit et de Pratique, contenant l'explication des termes de droit, d'ordonnances, de coutume et de pratique avec les juridictions de France. — *Paris, Brunet,* 1749. *2 vol. in-4°.* **O 5**

Glossaire du Droit français, contenant l'explication des mots difficiles qui se trouvent dans les ordonnances de nos roys, dans les coutumes du royaume, dans les anciens arrests et les anciens titres. — *Paris,* 1704. *2 vol. in-4°.* **K 2**

Guenois (Pierre). La grande Conférence des Ordonnances et Edits royaux jusques en l'année 1659. — *Paris, Thomas Jolly,* 1660. *3 vol. in-fol.* **B 1**

Furgole. Œuvres complètes de Furgole. — *Paris, Celot,* 1775-1776. *8 vol. in-8°.* **J 3**

Imbert (Jean). La Pratique judiciaire tant civile que criminelle receue et observée par tout le royaume de France, illustrée et enrichie de plusieurs doctes commentaires par M. Pierre Guenois. — *Paris, Nicolas Buon,* 1606. *1 vol. in-4°.* **K 1**

Lange. La nouvelle Pratique civile et criminelle et bénéficiale, ou le nouveau Praticien Français réformé suivant les nouvelles ordonnances. — *Paris, le Breton,* 1712. *2 vol. in-4°.* **J 1**

Langlæi Jani in Senatu Britanniæ Celticæ consiliarii Semestria.
—*Parisiis, Nic. Buon,* 1611. *1 vol. in-4°.* **K 2**

Leschassier (Jacques). Les OEuvres de Jacques Leschassier, Parisien, advocat en parlement, contenant plusieurs traittez, tant du droit public des Romains que de celui des François. — *Paris,* 1649. *1 vol. in-4°.* **K 3**

Loyseau (Charles). Les OEuvres de maistre Charles Loyseau, advocat au parlement. Nouvelle édition reveue, corrigée et augmentée par M. Claude Joly, chanoine en l'église de Paris. — *Paris, Rocolet,* 1666. *1 vol. in-fol.* **B 1**

Mosnier (J.). Les véritables Alliances du Droit françois tant civil que canon et criminel, avec les ordonnances du Roy, arrets des Cours souveraines de ce royaume et pratique observée cejourd'hui. — *Tournon, Claude Michel,* 1618. *1 vol. in-4°.* **K 1**

Mynsingerus. Joachimi Mynsingeri a Frundeck, j. c. nobilis. et clariss., Apotelesma. — *S. l., excudebat Matthæus Berjon,* 1597. *1 vol. in-4°.* **A 2**

— Singularium observationum judicii imp. cameræ Centuriæ VI. — *Helmstadii,* 1584. *1 vol. in-4°.* **A 2**

Pape (Guy). Guidonis Papæ J. utriusque consultissimi Decisiones. — *Genevæ, sumptibus Joannis Antonii et Samuelis de Tournes,* 1653. *1 vol. in-fol.* **N 2**

— La Jurisprudence du célèbre conseiller et jurisconsulte Guy Pape dans ses décisions, avec plusieurs remarques importantes. — *Lyon,* 1692. *1 vol. in-4°.* **K 1**

Papon (Jean). Instrument du premier notaire de Jean Papon, conseiller du Roy. 4° édition. — *Lyon, Jacques Roussin,* 1598. *1 vol. in-fol.* **B 2**

— Trio judiciel du second notaire de Jean Papon. 4° édition. — *Lyon, Jacques Roussin,* 1599. *1 vol. in-fol.* **B 2**

— Secret du troisième et dernier notaire de Jean Papon. 4° édition. — *Lyon, Roussin,* 1600. *1 vol. in-fol.* **B 2**

Pacius. Julii Pacii a Beriga De Juris methodo libri II. — *Spiræ,* 1597. *1 vol. in-12.* **A 3**

Pacius. Legum Conciliatarum centuriæ VII. — *Spiræ*, 1596. *1 vol. in-12.* **A 3**

— Legum Conciliatarum centuriæ decem. — *Lugduni, sumptibus Petri Ravaud*, 1631. *1 vol. in-12.* **A 3**

Pocquet de Livonnière. Règles du Droit français. 3ᵉ édition. — *Paris, Coignard père*, 1737. *1 vol. in-12.* **O 6**

Pothier. OEuvres, mises en ordre et publiées par les soins de M. Dupin ; augmentées d'une dissertation sur la vie et les ouvrages de ce célèbre jurisconsulte. — *Paris, Bechet aîné*, 1824. *11 vol. in-8°.* **J 3**

Questions notables et maximes du Droit, tirées de l'usage des textes, du sentiment des docteurs et de la jurisprudence des arrêts ; par M***, célèbre avocat au parlement de Provence. — *Grenoble, Giroud*, 1702. *1 vol. in-4°.* **O 6**

Recueil par ordre alphabétique des principales questions de Droit qui se jugent diversement dans les différents tribunaux du royaume. — *Paris*, 1718. *1 vol. in-12.* **N 4**

Roche-Flavin (Bernard de la). Treize livres des Parlements de France, esquels est amplement traicté de leur origine et institution, etc. — *Genève, Mathieu Berjon*, 1621. *1 vol. in-4°.* **K 3**

Rebuffus (Petrus). Commentarii in constitutiones seu ordinationes regias, non solum juris studiosis, verum etiam pragmaticiis utilissimi. — *Lugduni, ad Salamandræ, apud Seanctonios fratres*, 1550. *1 vol. in-8°.* **A 1**

— Tractatus de Alimentis plenissimus et omni hominum generi, præsertim in praxi et foro utilissimus. — *Lugduni*, 1602. *1 vol. in-fol.* **A 1**

b. — RECUEILS SPÉCIAUX.

1. *Droit civil et Procédure.*

DES PERSONNES.

Traité des Majoritez coutumières et d'ordonnances, par M***. — *Paris, Jean de Nully*, 1729. *1 vol. in-12.* **N 3**

Mesle (Jean). Traité des Minorités, tutelles et curatelles. Première partie. — *Paris, Mouchet*, 1752. *1 vol. in-4°.* **J 1**

Richer (François). Traité de la Mort civile, tant celle qui résulte des condamnations pour cause de crime que celle qui résulte des vœux en religion. — *Paris*, 1755. *1 vol. in-4°.* **K 3**

DES BIENS.

Berthelot du Ferrier. Traité de la connaisssance des droits et des domaines du Roy, et de ceux des seigneurs particuliers qui relèvent médiatement ou immédiatement de Sa Majesté. — *Paris*, 1725. *1 vol. in-4°.* **K 3**

Borjon. Des Offices de judicature en général. — *Toulouse*, 1702. *1 vol. pet. in-18.* **N 3**

— Le même ouvrage. — *Paris, Estienne Michellet*, 1682. *1 vol. in-18.* **N 3**

Charondas le Caron. Recueil des anciens édits et ordonnances du Roy concernant les domaines et droits de la couronne, avec les Commentaires de Louis Charondas le Caron. — *Paris*, 1690. *1 vol. in-4°.* **K 3**

Domaine (Dictionnaire raisonné du) et des droits domaniaux, etc. — *Rouen*, 1761. *2 vol. in-4°.* **K 1**

Dumoulin. Traité des Fiefs, analysé et conféré avec les autres feudistes, par Henrion de Pansey. — *Paris*, 1773. *1 vol. in-4°.* **K 1**

Ferrière (Claude De). Traité des Fiefs suivant les coutumes de France et l'usage des provinces de droit écrit. — *Paris*, 1680. *1 vol. in-4°.* **K 1**

Fréminville (de). Traité de Jurisprudence sur l'origine et le gouvernement des communes ou communaux des habitants de paroisses et seigneuries. — *Paris*, 1763. 1 vol. in-12. **N 4**

Guyot. Traité des Fiefs, tant pour le pays coutumier que pour les pays de droit écrit. — *Paris, Saugrain*, 1746. 7 vol. in-4°. **K 3**

Jarry. Des Amortissements, nouveaux acquêts et franc fiefs, depuis leur institution jusques et y compris les derniers édits et déclarations du feu roi Louis le Grand. — *Paris*, 1717. 1 vol. pet. in-8°. **N 4**

Joly. Traité des restitutions des Grands. — *S. l., à la Sphère*, 1665. 1 vol. in-18. **N 4**

Pocquet de Livonnière. Traité des Fiefs. — *Paris*, 1756. 1 vol. in-4°. **K 3**

Salvaing (Denis de). De l'Usage des fiefs et autres droits seigneuriaux. 2° édition. — *Grenoble*, 1668. 1 vol. in-fol. **B 1**

DES MANIÈRES D'ACQUÉRIR.

Aguesseau (D'). Questions concernant les Substitutions, avec les réponses de tous les parlements et cours souverains du royaume et des observations de M. le chancelier d'Aguesseau. — *Toulouse*, 1770. 1 vol. in-4°. **K 3**

Aimard. Explication de l'ordonnance du mois d'août 1735, concernant les Testaments. — *Avignon*, 1740. 1 vol. in-4°. **O 5**

— Ordonnance concernant les Testaments. — 1 vol. manuscrit. **O 5**

Barry. Francisci de Barry nobilis Delphinatis de Successionibus testati ac intestati opus digestum in duos tomos. — *Lugduni, sumptibus Joannis Antonii Huguetan et Guillelmin Barbier*, 1671. 2 tomes en 1 vol. in-fol. **A 4**

Berthelot. Traité des Évictions et de la Garantie formelle. — *Paris*, 1781. 2 vol. in-12. **O 5**

Boucheul. Traité des Conventions de succéder, ou Successions contractuelles. — *Poitiers*, 1727. 1 vol. in-4°. **O 5**

Boullenois (Louis). Questions sur les Démissions de biens, avec deux dissertations. — *Paris*, 1727. 1 vol in-8°. **O 5**

Boutaric (De). Explication de l'ordonnance de Louis XV donnée à Versailles au mois de février 1731. — *S. l.* 1737. *1 vol. in-8°.* **N 4**

Brohard. Observations sur l'édit des Hypothèques du mois de juin 1771. — *Lyon*, 1780. *1 vol. in-12.* **O 5**

Brun (Denis Le). Traité des Successions, divisé en quatre livres. — *Paris, Moutard*, 1775. *1 vol. in-fol.* **O 2**

Cœpollæ Bartholomæi Tractatus de Servitutibus. — *Lugduni*, 1688. *1 vol. in-4°.* **A 3**

Combes (Jehan). Traicté des Tailles et autres charges et subsides, tant ordinaires qu'extraordinaires, qui se lèvent en France, et des offices et estats, touchant le maniement des finances du royaume. — *Paris, F. Morel*, 1584. *1 vol. petit in-8°.* **N 3**

Enregistrement. Instructions générales aux commis preposez pour la perception des droits de controlle des actes sous signatures privées..... — *Marseille*, 1737. *1 vol. petit in-8°.* **N 4**

Furgole. Commentaire de l'ordonnance de Louis XV sur les Substitutions, d'août 1747. — *Paris*, 1767. *1 vol. in-4°.* **J 3**

Grandmaison (Brunet de). Dictionnaire des Aydes. — *Paris, Prault*, 1750. *2 tomes en 1 vol. in-12.* **B 3**

Legitima (De). Tractatus absolutissimus Mercuriali Merlino, una cum decisionibus magistralibus sacræ Rotæ Romanæ. — *Genevæ*, 1665. *1 vol. in-fol.* **A 3**

Mantica (Francisco). Tractatus de Conjecturis ultimarum voluntatum in libros duodecim distinctus. — *Genevæ, excudebat Stephanus Gamonetus*, 1619. *1 vol. in-fol.* **A 1**

Montvallon (De). Traité des Successions, conformément au droit romain et aux ordonnances du royaume. — *Aix*, 1780. *2 vol. in-4°.* **K 1**

Rentes constituées (Les principes des), par Charles D. M. L. — *Nimes*, 1758. *1 vol. in-12.* **N 4**

Vulson. Traité des Élections d'héritier contractuelles et testamentaires. Nouvelle édition. — *Toulouse*, 1753. *1 vol. in-4°.* **O 7**

DES CONTRATS ET OBLIGATIONS.

Astruc (Louis). Traité des Peines de secondes noces. — *à Galembrun*, 1752. *1 vol. in-18*. **N 4**

Boucher-Dargis. Traité des Gains nuptiaux et de Survie, qui sont en usage dans les païs de droit écrit. — *Lyon*, 1738. *1 vol. in-4°*. **K 1**

De Dote. Tractatus ex variis juris civilis interpretibus decerpti. — *Lugduni, apud Heredes Jacobi Juntæ*, 1569. *1 vol. in-fol.* **A 4**

Fournel. Traité de la Séduction considérée dans l'ordre judiciaire. — *Paris*, 1781. *1 vol. in-12*. **N 3**

Instruction facile sur les Conventions, ou notions simples sur les divers engagements qu'on peut prendre dans la société et leurs suites. — *Paris*, 1771. *1 vol. in-12*. **O 5**

Laurière (Eusèbe de). Traité des Institutions et des Substitutions contractuelles, par M. Eusèbe de Laurière, ancien avocat au Parlement. — *Paris, Guignard et Claude Robustel*, 1715. *2 vol. in-12*. **O 6**

Pothier. OEuvres complètes. — *Paris*, 1824. *11 vol. in-8°*. **J 3**

— Traité du Contrat de mariage par l'auteur du traité des Obligations. — *Orléans et Paris*, 1768. *2 vol. in-12*. **O 6**

Réponse d'un docteur en droit civil et canonique à la lettre d'un de ses amis sur le droit de prest et de retardements. — *Avignon*, 1708. *1 vol. in-12*. **N 4**

Roussilhe. Traité de la Dot, à l'usage du pays de droit civil et de celui de coutume. — *Clermont-Ferrand, Delcros*, 1785. *2 vol. in-12*. **L 5**

PROCÉDURE.

Duval (Neël, sieur de la Lissandrière). L'ancien Clerc du palais réformé suivant les nouvelles ordonnances et la jurisprudence des arrêts. — *Paris, Jacques le Febvre*, 1702. *1 vol. in-12*. **O 6**

Le Greffier des Prévosts des mareschaux et provinciaux contenant le pouvoir et jurisdiction des dits prévosts avec la forme de l'instruction, procédure et jugements des procez par eux faits. — *Genève*, 1620. *1 vol. in-18*. **N 3**

Héricourt (Louis de). Traité de la Vente des immeubles par décret, avec un recueil des édits, déclarations et règlements des Cours souveraines à ce sujet. — *Paris, rue St. Jacques*, 1739. *2 tomes en 1 vol. in-4°.* **K 3**

Melenet. Traité de la Péremption d'instance. Nouvelle édition, augmentée d'un traité de feu M. le Président Bouhier sur la même matière. — *Dijon*, 1785. *1 vol. in-8°.* **O 5**

Présidiaux (Traité de la juridiction des) tant en matière civile que criminelle, par M.*** conseiller au Présidial d'Orléans. — *Paris*, 1776, *2 tomes en 1 vol. in-12.* **N 3**

Ordonnances de Blois (Commentaires sur les) establies aux Estats généraux convoqués en la ville de Blois 1579, pour la réformation et ordre et reglement de la justice du royaume. — *1 vol. in-12.* **O 6**

Procès-verbal des Conférences tenues par ordre du Roy pour l'examen des articles de l'ordonnance civile d'avril 1667 et de l'ordonnance criminelle d'avril 1670. — *Paris*, 1709. *1 vol. in-4° (deux exemplaires).* **O 5** et **K 3**

Nouveau Commentaire sur les ordonnances du mois d'août 1669 et mars 1673, ensemble sur l'édit de mars 1673, touchant les épices ; par M.**, conseiller au Présidial d'Orléans. — *Paris, Debure*, 1756. *1 vol. in-12.* **O 6**

Stile universel de toutes les Cours et Jurisdictions du royaume pour l'instruction des matières civiles, suivant l'ordonnance de Louis XIV d'avril 1667. — *Paris*, 1716. *2 vol. in-18.* **N 3**

Style universel de toutes les Cours et Jurisdictions du royaume concernant les saisies et exécutions tant des meubles que des immeubles, par J. A. S. — *Toulouse*, 1757. *2 vol. in-12.* **N 3**

Soulatges. Style universel de toutes les Cours et jurisdictions du royaume, concernant les saisies et exécutions tant des meubles que des immeubles. Nouvelle édition. — *Toulouse, Robert*, 1784. *2 vol. in-12.* **N 3**

2. *Droit commercial et maritime.*

Boutaric (François de). Explication de l'ordonnance de Louis XIV concernant le commerce. — *Toulouse*, 1743. *2 vol. in-4°.* **B 3**

Emerigon. Traité des Assurances et des Contrats à la grosse. — *Marseille, Jean Mossy*, 1783. *2 vol. in-4°.* **D 9**

Rogue. Jurisprudence consulaire et instruction des négociants. — *Angers et Paris*, 1773. *2 vol. in-12.* **D 6**

Savary. Dictionnaire universel de Commerce. — *Genève, chez les héritiers Cramer et les frères Philibert*, 1742. *2 vol. en 4 tomes in-fol.* **B 5**

Savary, Dupuis de la Serra et **Claude Nolot.** Le parfait Négociant, ou instruction générale pour ce qui regarde le commerce des marchandises de France et des pays étrangers. — *Genève, chez les frères Cramer et Cl. Philibert*, 1752. *2 vol. in-4°.* **D 6**

Toubeau. Les Institutes du droit consulaire, ou les éléments de la jurisprudence des marchands ; 2ᵉ édition. — *Paris, Nicolas Gosselin*, 1700. *2 vol. in-4°.* **D 6**

Les us et coutumes de la mer, divisées en 3 parties : 1° de la Navigation ; 2° du Commerce naval et des Contrats maritimes ; 3° de la Juridiction de la marine. — *Rouen, chez Jean Lucas*, 1671. *1 vol. in-4°.* **D 6**

Valin. Nouveau Commentaire sur l'ordonnance de la marine du mois d'août 1681. — *La Rochelle, chez Jérôme Légier*, 1766. *2 vol. in-4°.* **D 6**

3. *Droit criminel.*

Bernardi. Principes des lois criminelles, suivies d'observations impartiales sur le Droit romain. — *Paris, Servière*, 1788. *1 vol. in-8°.* **O 6**

Compaigne (Bertrand). La Science des Juges criminels, temporels et ecclésiastiques, ou les décisions les plus difficiles et importantes questions en matière criminelle. — *Lyon*, 1656. *1 vol. in-18.* **N 3**

Mathæi Antonii j. c. De Criminibus. Editio tertia. — *Vesaliæ*, 1672. *1 vol. in-4°.* **A 2**

Rousseaud de la Combe (Guy du). Traité des matières criminelles, suivant l'ordonnance d'août 1670 et les édits, déclarations du Roi, arrêts et règlements intervenus jusqu'à ce jour. — *Paris, au Palais*, 1751. *1 vol. in-4°.* **K 2**

Serpillon. Code criminel, ou commentaire sur l'ordonnance de 1670. — *Lyon, Périsse frères*, 1767, *2 vol. in-4°.* **K 2**

Soulatges. Nouveau Code du faux, ou esprit de l'ordonnance du mois de juillet 1737. — *Toulouse, Rayet*, 1780. *1 vol. in-8°.* **O 6**

— Traité des Crimes, divisé en deux parties. — *Toulouse, Dupleix*, 1785. *3 vol. in-12.* **O 6**

Vouglans (Muyart de). Instruction criminelle, suivant les loix et ordonnances du royaume. — *Paris*, 1762. *1 vol. in-4°.* **K 2**

Zacchia. Pauli Zacchiæ medici Romani Collegii Archiatrorum quæstiones medico-legales. Editio quarta. — *Avenione, ex typographia Joannis Piot*, 1655. *1 vol. in-fol.* **A 3**

4. Droit canonique et ecclésiastique.

L'Abbé titulaire, ou le juste pouvoir des abbés titulaires et réguliers.— *S. L.*, 1678. *1 vol. in-18.* **N 4**

Bonel (Charles). Institution au droit ecclésiastique de France, divisée en trois parties. — *Paris*, 1681. *1 vol. in-12.* **N 4**

Calvinus (Jean) alias Kahl. Lexicon juridicum Juris Cæsarii simul et Canonici. — *Coloniæ, apud Franciscum Helvidium*, 1622. *1 vol. in-fol.* **A 3**

Concile de Trente (Le Catéchisme du), en latin et en français. — *Mons*, 1674. *3 vol. in-12.* **N 4**

Decretorum canonicorum Collectanea. — *Antverpiæ, ex officina Christophi Plantinii*, 1570. *1 vol. pet. in-8°.* **A 2**

Doujat. Histoire du droit canonique, avec l'explication des lieux qui ont donné le nom aux conciles ou le surnom aux auteurs ecclésiastiques. — *Paris*, 1680. *1 vol. in-12.* **N 4**

Ducasse. La pratique de la Juridiction ecclésiastique, volontaire et contentieuse, fondée sur le droit commun et sur le droit particulier du royaume. — *Paris, Coignard*, 1702. 2 vol. *in-12.* **O 6**

Dunod de Charnage. Traité des Prescriptions, de l'Aliénation des biens d'Église et des Dixmes, suivant les droits civil et canon, la jurisprudence du royaume et les usages du comté de Bourgogne. — *Paris*, 1765. 1 vol. *in-4°.* **K 1**

Febronius (Just.). De Statu Ecclesiæ et legitima potestate Romanis pontifici liber singularis... — *Bullioni, apud Guillelmum Evrardi*, 1763. 1 vol. *in-4°.* **A 3**

Fevret. Traité de l'Abus et du vray sujet des appellations qualifiées de ce nom d'Abus. — *Lyon*, 1677. 2 part. en 1 vol. *in-fol.* **N 2**

Fréminville (De). Traité historique de l'origine et nature des Dixmes, et des biens possédés par les Ecclésiastiques en franches aumônes et de leurs charges. — *Paris*, 1762. 1 vol. *in-12.* **N 4**

Héricourt (Louis de). Les Loix ecclésiastiques de la France dans leur ordre naturel, et une analyse des livres des droits canoniques conferez avec les usages de l'Église Gallicane. — *Paris, Denys Mariette*, 1730. 1 vol. *in-fol.* **B 2**

Histoire du Droit Ecclésiastique français, par M. D. B. — *Londres, Samuel Harding*, 1750. 2 vol. *in-12.* **N 3**

Husson Charloteau. Abrégé des matières bénéficiales, selon l'usage de l'Église Gallicane. — *Toulouse*, 1683. 1 vol. *in-18.* **N 4**

Jouy (De). Principes et usages concernant les Dixmes. — *Paris*, 1751. 1 vol. *in-12.* **N 4**

Lancelottus. Institutiones juris canonici quibus jus pontificum singulari methodo comprehenditur. — *Tolosæ, apud Bern. Dupuy*, 1670. 1 vol. *in-4°.* **A 2**

— Institutiones juris canonici.... Adjectæ quoque appendiciis loco Regulæ Cancellariæ romanæ. Editio II. — *Parisiis*, 1675. 1 vol. *in-18.* **A 2**

Laurentius. Reverentia Ecclesiæ Romanæ erga sanctos Patres veteres subdola opera et studio Jacobi Laurentii.... — *Lugduni Batavorum*, 1624. 1 vol. *in-18.* **N 4**

Pelletier (Jacques le). Instruction très-facile et nécessaire pour obtenir de la Cour de Rome et de la Légation d'Avignon toute sorte d'expéditions de bénéfices, dispenses de mariage et autres. — *Lyon, Antoine Boudet,* 1699. *In-12.* **O 6**

Perray (Michel du). Traité historique et chronologique des Dixmes. *Paris,* 1748. *2 vol. in-12.* **N 4**

Recueil des principales décisions sur les Dîmes, les portions congrues, les droits et charges des curés primitifs. — *Paris,* 1741. *2 vol. in-12.* **N 4**

Roye (De). Canonici juris institutionum libri tres. — *Parisiis, Ant. Dezallier,* 1681. *In-12.* **O 6**

Sarpi (fra Paolo). Traité des Bénéfices. — *Amsterdam,* 1687. *1 vol. in-12.* **N 4**

Sanchez (R. P. Thomas). De sancto Matrimonii Sacramento disputationes. — *Lugduni, sumptibus Laurentii Anisson,* 1739. *3 vol. in-fol.* **A 2**

Talon. Traité de l'Autorité des rois touchant l'administration de l'Église; augmenté d'un discours de M. d'Aguesseau. — *Amsterdam,* 1700. *1 vol. in-18.* **N 4**

5. *Eaux et Forêts.*

Commentaire sur l'Ordonnance des Eaux et Forêts du mois d'avril 1669. — *Paris, Debure père,* 1725. *1 vol. in-12.* **D 6**

Conférence de l'Ordonnance de Louis XIV du mois d'août 1669 sur le fait des Eaux et Forêts, contenant les loix forestières de France. — *Paris, Saugrain l'aîné,* 1725. *2 vol. in-4°.* **D 6**

6. *Matières spéciales.*

Code des Chasses, ou nouveau traité du droit des Chasses, suivant la jurisprudence de l'ordonnance de Louis XIV du mois d'août 1669. — *Paris, Saugrain,* 1720. *2 vol. in-8°.* **O 5**

Code de la Librairie et Imprimerie de Paris, ou Conférence du règlement arrêté au conseil d'Etat du Roy le 28 février 1723, avec les anciennes ordonnances. **N 3**

Grenier. Commentaire sur l'Edit portant création des conservateurs des hypothèques sur les immeubles réels et fictifs, et abrogation des décrets volontaires. 2ᵉ édition. — *Riom, Martin Degoutte,* 1787. *1 vol. in-12.* **O 6**

SECTION IV. — Jurisprudence. Recueil d'arrêts.

Recueil d'arrêts. — *1 vol. in-4°.* **O 7**

Essais de jurisprudence — *Paris,* 1694. *1 vol. in-12.* **N 4**

Aguesseau (D'). Recueil de questions de jurisprudence proposées par M. D'Aguesseau à tous les Parlements du royaume.— *Imprimerie de Jean Girard,* 1749. *1 vol. in-4°.* **O 7**

Anne (Robert). Quatre livres des arrêts et choses jugées par la Court : œuvres composées en latin. — *Paris, Claude Rigaud,* 1611. *1 vol. in-4°.* **O 5**

Annæi Roberti J. C. Rerum judicatarum libri IV. — *Genevæ,* 1620. *1 vol. in-12.* **O 5**

Augeard. Arrêts notables des différents tribunaux du royaume. — *Paris,* 1756. *2 vol. in-fol.* **B 6**

Bardet et Berroyer. Recueil d'Arrests du Parlement de Paris, pris des mémoires de feu Pierre Bardet, avec les notes et les dissertations de M. Claude Berroyer— *Paris,* 1690. *2 vol. in-fol.* **O 2**

Blondeau (Claude) et **Guéret** (Gabriel). Journal du Palais, ou recueil des principales décisions de tous les Parlements et Cours souveraines de France. —*Paris, Michel-Etienne David,* 1737. *2 vol. in-fol.* **B 6**

Bouguier (Jean). Arrests de la Cour décisifs de diverses questions tant de droict que de coutume, prononcez en robbes rouges.... — *Paris, Edme Pépingué,* 1667. *1 vol. in-4°.* **K 2**

— 28 —

Brillon. Dictionnaire des Arrêts, ou jurisprudence universelle des Parlements de France et autres tribunaux. *Paris*, 1727. *6 vol. in-fol.* **B 6**

Denisart (J.-B.). Actes de notoriété donnés au Châtelet de Paris, sur la jurisprudence et les usages qui s'y observent. — *Paris*, 1759. *1 vol. in-4°.* **K 2**

— Collection de décisions nouvelles et de notions relatives à la jurisprudence actuelle. — *Paris*, 1775. *4 vol. in-4°.* **K 2**

Fresne (Jean du). Journal des principales audiences du Parlement, avec les arrêts qui y ont été rendus ; nouvelle édition. Depuis 1622 jusqu'à 1722. — *Paris*, 1733-1754. *7 vol. in-fol.* **B 6**

— Journal des principales audiences du Parlement, depuis l'année 1657 jusqu'à la fin de l'année 1676. — *Paris*, 1678. *3 vol. in-fol.* **O 2**

Jouët (Laurent). La bibliothèque des Arrests de tous les Parlements de France, avec une table de chapitres et des décisions sommaires sur chacun d'iceux. — *Paris*, 1669. *1 vol. in-fol.* **B 1**

Julien. Éléments de Jurisprudence selon les loix romaines et celles du royaume. — *Aix, David*, 1785. *1 vol. in-4°.* **K 1**

Lamoignon (premier Président de). Arrêts. 1703. *1 vol. in-4°.* **B 3**

Lapeyrère. Décisions sommaires du Palais, illustrées de notes et de plusieurs arrêts de la Cour du Parlement de Bordeaux. — *Bordeaux*, 1725. *1 vol. in-fol.* **O 2**

Louët (Georges). Recueil de plusieurs notables Arrets donnez en la Cour du Parlement de Paris, reveu et augmenté par Julien Brodeau. — *Paris, Rocolet*, 1678. *2 tomes en 1 vol. in-fol.* **N 2**

Maisons (Des). Nouveau recueil d'arrêts et règlements du Parlement de Paris sur les plus belles questions de droit et de coustume. — *Paris, Estienne*, 1667. *1 vol. in-fol.* **B 1**

Perrier (François). Arrêts notables du parlement de Dijon. — *Dijon*, 1735. *2 vol. in-fol.* **B 1**

Papon (Jean). Recueil d'Arrêts notables des Cours souveraines de France, ordonnées par titres en 24 livres. — *Genève, Jacques Stoer*, 1648. *1 vol. in-4°.* **K 1**

Rousseaud de la Combe (Guy du). Recueil de jurisprudence civile du pays de droit écrit et coutumier. — *Paris, Nyon*, 1756. *1 vol. in-4°*. **K 1**

Roussilhe. La jurisprudence des Donations entre vifs, suivant l'usage de tous les parlemens et sièges du royaume ; nouvelle édition. — *Aignon, Delaire*, 1771. *3 vol. in-12*. **O 6**

Vest (Le). CCXXXVII Arrests célèbres et mémorables du Parlement de Paris. — *Paris, Robert Fouët*, 1612. *1 vol. in-4°*. **K 3**

SECTION V. — **Ancien droit français dans les provinces de Languedoc et de Provence.**

—

a. — LANGUEDOC.

1. *Lois, Édits, Ordonnances.*

Le franc Alleu de la province de Languedoc establi et dèfendu. Seconde édition. — *Tolose, Jean Roude*, 1645. *1 vol. in-fol.* **B 3**

Albisson. Loix municipales et économiques de Languedoc, ou recueil des ordonnances, édits, déclarations, lettres patentes, arrêts du Conseil, du Parlement de Toulouse et de la Cour des Aides de Montpellier. — *Montpellier, Rigaud et Fons*, 1780-1787. 7 *vol. in-4°*. **B 3**

Philippi (Jean). Édits et ordonnances du Roy concernant l'authorité et jurisdiction des Cours des Aides de France, sous le nom de celle de Montpellier. — *Montpellier, Jean Gillet*, 1597. *1 vol. in-fol.* **B 3**

Édits (Recueil des) concernant la Province de Languedoc, de 1704 à 1728. — *4 vol. in-4°*. **C 2**

Édits (Recueil des), déclarations, arrêts et ordonnances pour la Province de Languedoc, de 1730 à 1747 (manquent les années 1738 et 1742). — 7 *vol. in-4°*. **C 2**

Édits (Recueil des), déclarations du Roi et arrêts de règlement sur les impositions et la juridiction du Parlement, de la Cour des comptes, aides et finances, des Bureaux des finances, des Présidiaux et autres Tribunaux du Languedoc. — *Montpellier, Picot,* 1781. *1 vol. in-4°.* **B 3**

Édits (Recueil des), déclarations, arrêts du Conseil et du Parlement de Toulouse, depuis 1667 jusqu'à 1749, concernant l'ordre judiciaire. — *Toulouse,* 1749. *2 vol. in-8°.* **N 3**

Édits (Recueil des), déclarations, arrêts et ordonnances pour la Province de Languedoc, années 1739, 1754, 1756, 1760, 1762, 1763, 1764, 1767, 1772, 1774, 1775 à 1786, 1787, 1788. — *23 vol. petit in-4°.* **C 2**

Recueil de loix et autres pièces relatives au Droit public et particulier de la Province de Languedoc en matière de nobilité et de roture des fonds de terre. — *Paris, Vincent,* 1765. *1 vol. in-4°.* **B 3**

Reboul. Sommaire des règlements faits par le Bureau de Police de la ville de Montpellier ; recueillis et mis en ordre par M. Reboul, lieutenant du maire de la dite ville. — *Montpellier, Rochard,* 1760. *1 vol. in-8°.* **E 5**

2. *Doctrine.*

Astruc (Louis). Traité du Mariage, de la puissance paternelle, des usucapions et des prescriptions, suivant l'usage du droit romain et du droit français. — *Toulouse,* 1758. *1 vol. pet. in-8°.* **N 3**

— Traité des Tutelles et Curatelles, de la division des choses et des moyens par lesquels on en acquiert la propriété. — *Toulouse, Forest,* 1758. *1 vol. in-12.* **N 3**

— Traité des Servitudes, des Héritages ruraux et urbains. — *Paris,* 1775. *1 vol. in-12.* **N 3**

Bornier (Philippe). Conférences des ordonnances de Louis XIV avec les anciennes ordonnances du royaume, le droit écrit et les arrests. — *Paris,* 1755. *2 vol. in-4°.* **K 1**

Boutaric (François de). Explication de l'ordonnance de Louis XIV de 1731, concernant les donations. — *Avignon,* 1744. *1 vol. in-4°.* **B 3**

Boutaric. Les Institutes de Justinien conférés avec le Droit françois, divisés en quatre livres. — *Toulouse*, 1738. *1 vol. in-4°.* **B 3**

— Traité des Droits seigneuriaux et des matières féodales. — *Toulouse*, 1745. *1 vol. pet. in-8°.* **B 3**

Ferrière (Jean-Antoine). Traité des Tutelles, divisé en quatre parties. — *Toulouse*, 1766. *1 vol. in-4°.* **K 3**

Géraud. Traité des Droits seigneuriaux, avec les nouvelles décisions des principales questions sur les matières féodales et emphytéotiques. — *Tolose*, 1680. *1 vol. in-18.* **N 4**

Grenier. Recueil d'œuvres manuscrites par ordre alphabétique des matières. — *6 vol. in-fol.* **O 8**

Ordonnance de 1667 mise en pratique conformément à la jurisprudence et à l'usage du Parlement de Toulouse. — *Toulouse*, 1759. *1 vol. in-4°.* **B 3**

Remarques du droit françois, confirmées par loix, ordonnances royaux, arrests des Cours souveraines et autoritez des plus célèbres décisionnaires de nostre temps. — *Lyon, Claude Larjot*, 1622. *1 vol. in-12.* **N 3**

— Le même ouvrage. — *Lyon, Rigaud*, 1644. **N 3**

Rodier. Questions sur l'ordonnance de Louis XIV du mois d'avril 1667, relatives aux usages des Cours de Parlement et principalement de celui de Toulouse. — *Toulouse, Birosse*, 1761. *1 vol. in-4°.* **O 7**

Serres. Les Institutes du droit françois, suivant l'ordre de celles de Justinien, accommodées à la jurisprudence moderne et aux nouvelles ordonnances. — *Paris*, 1771. *1 vol. in-4°.* **B 3**

— Explication de l'ordonnance du roy Louis XV du 16 janvier 1736, portant règlement pour les adjudications par décret en Languedoc. — *Amsterdam et Montpellier*, 1744. *1 vol. in-12.* **B 4**

3. *Jurisprudence, Recueil d'arrêts.*

Aguier. Recueil d'arrêts notables, ou supplément au Journal du Palais de Toulouse. — *Nîmes*, 1782. *2 vol. in-4°.* **B 3**

Albert. Arrêts de la Cour du Parlement de Toulouse, recueillis par feu M. Jean Albert. — *Toulouse, 1731. 1 vol. petit in-4°.* **B 3**

Bone (Jean). Plaidoyers de M. Jean Bone; 2me édition. — *Paris, Henri le Gras et Jacques le Gras, 1667. 1 vol. im-4°.* **O 7**

Cambolas (Jean de). Décisions notables sur diverses questions de droit jugées par plusieurs arrêts de la Cour du Parlement de Tolose. — *1 vol. in-fol.* **B 5**

Catellan (Jean de). Arrêts remarquables du Parlement de Toulouse, qui contiennent beaucoup de décisions nouvelles sur toute sorte de matières. — *Toulouse, 1705. 2 vol. in-4°.* **B 3**

— Observations sur les arrêts remarquables du Parlement de Toulouse, recueillies par messire Jean de Catellan. — *Toulouse, 1733. 2 tomes en 1 vol. in-4°.* **B 3**

Corserius. Decisiones Capellæ Tholosanæ quæ a Joanne Corserio collectæ..... — *Lugduni, sumptibus Viduæ Anton. de Harsy. 1617. 1 vol. in-4°.* **B 3**

Henrys (Claude). OEuvres de Claude Henrys, conseiller du roi et son premier avocat au bailliage et siège présidial de Forez, contenant son recueil d'arrêts..... — *Paris, 1772. 4 vol. in-fol.* **B 2**

Journal du Palais, ou recueil de plusieurs arrêts remarquables du Parlement de Toulouse, contenant divers arrêts de 1690 à 1753. — *Toulouse, 1759. 6 vol. in-4°.* **B 3**

Lauriol (De). Recueil manuscrit d'arrêts de la Cour des Aides, par M. de Lauriol, pour faire suite aux arrêts du Président Philippi. — *5 vol. in-fol.* **B 5**

Laviguerie (De). Arrêts inédits du Parlement de Toulouse, recueillis et enrichis de notes par M. de Laviguerie, ancien conseiller au Parlement, et publiés d'après ses manuscrits par M. Victor Fons, son secrétaire, avec annotations par Tajan. — *Toulouse, 1831. 2 tomes en 1 vol. in-8°.* **B 3**

Maynard (Gérauld de). Singulières questions du droit escrit décidées et jugées par arrêts mémorables de la Cour Souveraine du Parlement de Tholose. — *Paris, Robert Fouët, 1628. 1 vol. in-fol.* **B 1**

Olive (Simon d'). Questions notables du droict décidées par divers arrêts de la Cour de Parlement de Toulouse. — *Toulouse, 1682. 1 vol. in-4°.* **B 3**

Philippi. Arrêts de conséquence de la Cour des Aides de Montpellier, recueillis, assemblés et annotés par M. Jean Philippi, président en la dite Cour. (Copie du registre appelé vulgairement le Philippi du Palais). Donné par M. Ulysse Cros.— *1 vol. petit in-4°.* **B 3**

Recueil des édits, déclarations, arrets du Conseil et des Parlements de Paris et de Toulouse rendus au sujet de la religion prétendue réformée, depuis 1669 jusqu'à présent. — *Toulouse, 1715. 1 vol. petit in-8°.* **B 3**

Roche-Flavin (Bernard de la). Arrêts notables du Parlement de Toulouse, donnez et prononcez sur diverses matières civiles, criminelles, bénéficiales et féodales ; recueillis des mémoires et observations forenses.... — *Toulouse, Colomiez, 1682. 1 vol. in-4°.*
B 3

---

b. — Provence.

Franc-Aleu de Provence. — *Aix, 1732. 1 vol. in-4°.* **B 3**

Boniface (Hyacinthe). Arrets notables de la Cour du Parlement de Provence, Cour des Comptes, Aydes et Finances du même païs. — *Lyon, chez la Veuve d'Horace Molin, 1708. 5 vol. in-fol.* **B 5**

Périer (Scipion du). OEuvres de Scipion du Périer, écuyer et doyen de MM. les Avocats au Parlement de Provence. Nouvelle édition. — *Avignon, Joly, 1759. 3 vol. in-4°.* **K 2**

— Questions de Droit. — *Grenoble, Jean Nicole, 1668. 1 vol. in-4°.* **K 2**

Debézieux (Balthazar). Arrêts notables de la Cour du Parlement de Provence. — *Paris, 1750. 1 vol. in-fol.* **B 5**

Arrêts et décisions qui établissent l'ancien droit et possession non interrompue de souveraineté de Sa Majesté sur le fleuve du Rhône, etc. — *Paris, Vincent, 1765. 1 vol. in-4°.* **B 3**

Examen des nouveaux écrits de la Provence sur la propriété du Rhône. — *Paris, Vincent, 1768. 1 vol. in-4°.* **B 3**

SECTION VI. — Plaidoyers et Mémoires.

Basset. Plaidoyers de maistre Jean Guy Basset, advocat consistorial au Parlement de Grenoble. — *Grenoble, Jaques Petit,* 1668. *2 part. en 1 vol. in-fol.* **N 2**

Cochin. OEuvres de feu Cochin, écuyer, avocat au Parlement, contenant le recueil de ses mémoires et consultations. Nouvelle édition. — *Paris, Delalain,* 1775. *6 vol. in-4°.* **J 1**

Cormis (François de). Recueil de consultations sur diverses matières. — *Paris, Montalant,* 1735. *2 vol. in-fol.* **B 5**

Duport Lavillette. Questions de Droit, tirées des consultations, des mémoires et des dissertations de M. Duport Lavillette. — *Grenoble, Viallet,* 1834. *7 vol. in-8°.* **O 3**

Expilly (Claude). Plaidoyez de messire Claude Expilly, chevalier, conseiller du Roy en son Conseil d'Estat et président au Parlement de Grenoble. — *Lyon, Simon Rigaud,* 1631. *1 vol. in-4°.* **O 7**

Maistre (Le). Les plaidoyez et harangues de M. Le Maistre, cy-devant avocat au Parlement et conseiller du Roy en ses Conseils d'État et privé. — *Paris, Pierre le Petit,* 1658. *1 vol. in-4°.* **K 3**

Mannory. Plaidoyers et mémoires contenant des questions intéressantes, tant en matières civiles, canoniques et criminelles que de police et de commerce. — *Paris,* 1759. *2 vol. in-12.* **N 3**

Polier. Mes loisirs. Recueil de Mémoires et consultations. — *5 vol. in-4°.* **C 2**

Recueil de plaidoyez notables de plusieurs anciens et fameux advocats de la Cour du Parlement faicts en causes célèbres, dont aucunes plaidées en présence des Roys. — *Paris,* 1612. *1 vol. petit in-8°.* **N 3**

Procédure de Bretagne. 1769. = Mémoire pour M. le duc d'Aiguillon. — *Paris,* 1770. = Réponse au grand mémoire de M. le duc d'Aiguillon. — *Paris,* 1770. = Exposé pour Louis René de Caradeuc de la Chalotais. = Procès-verbal de ce qui s'est passé aux lits de justice tenus par le Roi le mercredi 27 juin 1770 et le 7 décembre 1770. — *Paris,* 1770. — *Le tout en 1 vol. in-4°.* **K 1**

Variétés du Palais. Recueil de Mémoires. — *27 vol. in-4°.* **C 1**
Mémoires et factums. — *8 vol. in-4°.* **C 2**

CHAPITRE II

DROIT FRANÇAIS MODERNE

SECTION I. — **Recueils généraux.**

LOIS.

Arnoult. Collection des Décrets de l'Assemblée nationale constituante, rédigée suivant l'ordre des matières par M. Arnoult, membre de cette assemblée. — *Dijon*, 1792. *6 vol. in-4°.*   **P 1**

X. Recueil de lois civiles du 24 août 1790 au 8 juin 1792. — *Montpellier, Tournel*, 1792. *1 vol. in-4°.*   **O 7**

X. Recueil de lois pénales du 20 août 1789 au 6 juin 1792. — *Montpellier, Tournel*, 1792. *1 vol. in-4°.*   **O 7**

Bulletin des Lois. Collection complète du Bulletin des Lois, depuis 1790 à ce jour. *(En cours de publication).*

    Depuis l'année 1790 à l'année 1830.   **N 1 et O 1**

    Depuis l'année 1830 à ce jour.   **L M**

Lepec. Recueil général des lois, décrets, ordonnances, depuis le mois de juin 1789 jusqu'au mois d'août 1830, annoté par Lepec, avocat à Paris. — *Paris*, 1839, *18 vol. in-8°, plus un volume de tables.*   **L 7**

— Recueil des lois et ordonnances d'un intérêt général depuis le 7 août 1830 à ce jour, par les notaires et jurisconsultes, rédacteurs du Journal des Notaires et du Dictionnaire du Notariat. — *Paris*, 1831 à 1881. *50 vol. in-8°. (En cours de publication.)*   **L 8 et 9**

Dupin. Lois concernant l'Organisation judiciaire, extraites de la collection in-4° dite du Louvre et du Bulletin des Lois. — Recueil composé par M. Dupin, docteur en droit et avocat à la Cour de Paris. — *Paris, Guillaume et Comp.*, 1819. *2 vol. in-8°.*   **H 4**

Dupin. Lois de la Procédure civile, tant devant les tribunaux ordinaires qu'en cassation et au Conseil d'Etat. Extraits de la collection in-4° dite du Louvre et du Bulletin des Lois. Recueil composé par M. Dupin, docteur en droit. — *Paris, Guillaume et Comp.*, 1821. *1 vol. in-8°.* **H 2**

— Lois criminelles, extraites de la collection in-4° dite du Louvre et du Bulletin des Lois. — Recueil composé par M. Dupin, docteur en droit et avocat à la Cour de Paris. — *Paris, Guillaume et Comp.*, 1821. *1 vol. in-8°.* **E 6**

— Lois forestières avec les lois sur la chasse et la pêche, extraites de la collection in-4° dite du Louvre et du Bulletin des Lois, par M. Dupin, docteur en droit et avocat à la Cour royale de Paris. — *Paris, Guillaume*, août 1822. *1 vol. in-8°.* **D 5**

— Lois des Communes, extraites de la collection in-4° dite du Louvre et du Bulletin des Lois, par M. Dupin, avocat à la Cour de Paris. — *Paris, Guillaume*, 1823. *2 vol. in-8°.* **H 3**

P.-L. Le Caron. Code des Émigrés, ou recueil des dispositions législatives de 1789 à 1825. 2ᵉ édition. — *Paris, Bossange*, 1825. *1 vol. in-8°.* **E 4**

Gazette officielle, du 14 juillet 1815 au 27 janvier 1816. — *1 vol. in-4°.* **E 10**

Collection du Moniteur publié à Gand pendant les cent jours, servant de complément au Moniteur de 1815. — *Paris, Paulin*, 1834. *1 vol. in-fol.* **E 10**

— Table alphabétique du Moniteur, de 1823 et 1824. **E 10**

Moniteur universel. Journal officiel du gouvernement, de 1790 au 1ᵉʳ janvier 1869.

Journal officiel du gouvernement français, du 1ᵉʳ janvier 1869 au 31 mars 1871.

Journal officiel de la République française, depuis avril 1871 à ce jour. (*En cours de publication.*) **A B C D E F G H I J K L M P**

ARRÊTS.

Tajan. Mémorial de Jurisprudence des Cours royales de France, par MM. Tajan, Curie, Seimbres et Fons. — *Toulouse*, 1838. *47 vol. in-8°.* **G 1**

Dalloz. Jurisprudence générale du royaume en matière civile, commerciale et criminelle, ou journal des audiences de la Cour de cassation et des Cours royales. —*Paris*, 1827-1830. *12 vol. in-4°.* **N 5**

— Jurisprudence générale, recueil périodique et critique de jurisprudence, de législation et de doctrine, par MM. Dalloz. (*En cours de publication.*) — *77 vol. in-4°, y compris l'année 1880.* **J et K 4, 5 et 6**

— Jurisprudence générale. Table des quinze années 1841 à 1856. — *Paris*, 1857. *1 vol. in-4°.* **N 5**

— Jurisprudence générale. Table des vingt-deux années 1845 à 1867. — *Paris*, 1867. *2 vol. in-4°.* **J 7**

— Jurisprudence générale. Table des dix années 1867 à 1877. — *1 vol. in-4°.* **J 7**

Journal du Palais. Recueil le plus ancien et le plus complet de la jurisprudence, depuis 1781 à ce jour. (*En cours de publication.*) *137 vol. in-4°, y compris l'année 1880.* **F 1 à 7**

Journal du Palais. Bulletin des décisions en matière d'enregistrement, de timbre, greffe, hypothèque et de contraventions notariales; année 1851 à 1864. — *1 vol. in-4°.* **D 5**

Sirey. Recueil général des lois et des arrêts en matière civile, criminelle, administrative et de droit public; fondé par J.-B. Sirey. — *A ce jour 78 vol. in-4°.* **G 2 à 7**

Devilleneuve et **Gilbert.** Jurisprudence du XIX° siècle, ou table générale alphabétique et chronologique du Recueil général des lois et des arrêts. 1791 à 1850; par L.-M. Devilleneuve et P. Gilbert. — *Paris,* 1853. *4 vol. in-4°.* **G 7**

— Jurisprudence du XIX° siècle, ou table décennale alphabétique et chronologique du Recueil des lois et des arrêts, 1851 à 1860. — *Paris,* 1862. *1 vol. in-4°.* **G 7**

— Jurisprudence du XIX° siècle. Table décennale alphabétique et chronologique du Recueil général des lois et des arrêts; 1861 à 1870. — *Paris,* 1872. *1 vol. in-4°.* **G 7**

Achille **Morin, Chauveau** Adolphe et **Faustin Hélie.** — Journal de Droit criminel, ou Jurisprudence criminelle de la France. — *Paris,* 1829 à 1880. *(En cours de publication.)* — *33 vol. in-8°.* **E 7**

Grasset et **Corne.** Jurisprudence complète des Cours royales d'Agen, Montpellier, Nimes, Pau et Toulouse. — *Toulouse, Corne,* 1827. *1 vol. in-8°.* **G 8**

Fargeon, Deleveau, Estève et autres. Jurisprudence des Cours de Nimes et Montpellier. — *Nîmes,* 1835. *2 vol. in-8°.* **G 8**

Guilhot. Jurisprudence de la Cour de Montpellier, 1847, 1851 à 1856. — *Montpellier,* 1856. *2 vol. in-4°.* **G 8**

Garbouleau (Paul). Revue judiciaire du Midi, 1864 à 1875. — *10 vol. in-4°.* **G 8**

RÉPERTOIRES DE DOCTRINE ET DE JURISPRUDENCE.

Merlin. Recueil alphabétique des Questions de Droit qui se présentent le plus fréquemment dans les tribunaux ; 4° édition. — *Paris, Remoissenet. 9 vol. in-4°.* **J 2**

Merlin. Répertoire universel et raisonné de Jurisprudence. — *Paris, 1827. 18 vol. in-4°.* **J 2**

Bazille. Mémorial universel de Législation et de Jurisprudence civile, criminelle, commerciale et notariale de l'Empire français. — *Nimes, Gaude, 1813. 18 vol. in-8°.* **D 2**

Guichard. Jurisprudence communale et municipale, ou exposition raisonnée des lois et de la jurisprudence concernant les biens, les dettes et les procès des communes. — *Paris, Renard, 1820. 1 vol. in-8°* **H 5**

Favard de Langlade. Répertoire de la nouvelle Législation civile, commerciale et administrative. — *Paris, 1823. 5 vol. in-4°.* **J 4**

Blondeau, Pellat. Thémis, ou bibliothèque du jurisconsulte ; publiée par MM. Blondeau, Pellat, etc. — *Paris, 1829. 10 vol. in-8°.* **D 2**

Dalloz (A.), Dictionnaire général et raisonné de Jurisprudence, ou répertoire abrégé de législation, de doctrine et de jurisprudence en matière civile, commerciale, criminelle, administrative et de droit public. — *Paris*, 1835, 1836. *4 vol. in-4°.* **N 5**

— Partie supplémentaire, 1834 à 1842. — *2 vol. in-4°.* **N 5**

Dalloz. Répertoire méthodique et alphabétique de Doctrine et de Jurisprudence ; par MM. Dalloz. — *42 vol. in-4°.* **J K 7 et 8**

Journal du Palais. Répertoire général, contenant la jurisprudénce de 1771 à 1850. — *12 vol. in-4°.* **F 8**

— Supplément, de 1791 à 1857. — *Paris*, 1857. *2 vol. in-4°.* **F 8**

— Table complémentaire contenant la jurisprudence de 1857 à 1870. *Paris*, 1872. *2 vol. in-4°.* **F 8**

Achille Morin. Répertoire général et raisonné du Droit criminel ; par Achille Morin. — *Paris, Durand.* 1851. *2 vol. in-4°.* **E 9**

Revue de Législation et de Jurisprudence, publiée sous la direction de M. Wolowski, par une réunion de professeurs et d'avocats français et étrangers ; continuée par P. Pont, Faustin Hélie, Léon Aucoc, Ch. Giraud, Bertauld et Batbie ; 1835 à 1880. (*En cours de publication.*) — *88 vol. in-8°.* **D 3 E 3, 4**

Revue de Droit français et étranger ; 1833 à 1849. — *11 vol. in-8°.* **E 2**

Revue historique de Droit français et étranger, publiée sous la direction de MM. Laboulaye, de Rozière, Dareste, Ginouilhac.— Années 1855, 1856, 1857. *3 vol. in-8°.* **N 6**

SECTION II. — Les Codes. (*Codes annotés.*)

Sirey. Les Codes annotés de Sirey. Édition entièrement refondue par Gilbert, avec le concours, pour la partie criminelle, de M. Faustin Hélie et de M. Cuzon. — *4 vol. in-4°*. **G 8**

— Supplément jusqu'à 1866. — *2 vol. in-4°*.

Sirey et **Journal du Palais.** Codes annotés. — Code civil par Fuzier Hermann. 1er fascicule paru, 1881. (*En cours de publication.*) **G 8**

Dalloz. Les Codes annotés. **J 8**
    Code civil. — *2 vol. in-4°*.
    Code de Procédure civile. — *1 vol. in-4°*.
    Code de Commerce. — *1 vol. in-4°*.
    Code Pénal. — *1 vol. in-4°*.

a. — CODE CIVIL.

1. *Texte, motifs et rapports.*

Code civil. Edition originale et seule officielle. — *Paris,* an XII. *1 vol.* **I 2**

Jouanneau et **Solon.** Discussion du Code civil devant le Conseil d'Etat, précédée des articles correspondants du texte et du projet, sur le plan donné par Regnault de St-Jean d'Angély, par Jouanneau et Solon. — *Paris,* 1805. *3 vol. in-4°.* **I 2**

Recueil des Lois composant le Code civil, avec les discours des orateurs du Gouvernement, les rapports de la Commission du Tribunat et les opinions émises pendant le cours de la discussion par les rédacteurs des Instructions décadaires sur l'Enregistrement et les Domaines. — *Paris,* 1803. *7 vol. in-8°.* **I 1**

Maleville (De). Analyse raisonnée de la discussion du Code civil au Conseil d'Etat, contenant le précis des observations faites sur chaque article, par Jacques de Maleville, l'un des rédacteurs du Code civil. 3e édition. — *Paris,* 1822. *4 vol. in-8°.* **I 1**

Fenet. Recueil complet des travaux préparatoires du Code civil, par A. Fenet, avocat à la Cour royale de Paris; suivi d'une édition de ce Code, à laquelle sont ajoutés les lois, décrets et ordonnances formant le complément de la législation civile de France. — *Paris,* 1827. *15 vol. in-8°.* **I 1**

Locré. Esprit du Code Napoléon tiré de la discussion, par J.-G. Locré, secrétaire général du Conseil d'Etat. — *Paris,* 1807. *7 vol.* **I 1**

2. Ouvrages généraux.

Bousquet. Code Napoléon. Explication du Code civil d'après les discours prononcés par les orateurs du Gouvernement et du Tribunat, par M. Bousquet, docteur en droit, ancien jurisconsulte, ci-devant syndic de la ville de Montpellier. — *Avignon*, 1806. *5 vol. in-4°.*   **O 7**

Anthoine de St-Joseph. Concordance entre les Codes civils étrangers et le Code Napoléon, par Anthoine de St-Joseph. 2e édition. — *Paris, Cotillon*, 1856. *4 vol.*   **E 5**

Aubry et Rau. Cours de Droit civil français, d'après la méthode de Zachariæ, par MM. Aubry et Rau. 4e édition. — *Paris*, 1869-1879. *8 vol. in-8°.*   **I 8**

Boileux. Commentaire sur le Code Napoléon, par Boileux, conseiller à Chambéry. 6e édition. — *Paris*, 1866. *7 vol.*   **I 5**

Chabot. Questions transitoires sur le Code Napoléon, par Chabot. 5e édition. — *Paris*, 1809. *1 vol. in-4°.*   **I 2**

Coffinières. Le Code Napoléon expliqué par les décisions suprêmes de la Cour de cassation et du Conseil d'Etat.—*Paris, Garnery*, 1809. *1 vol. in-4°.*   **I 2**

Delvincourt. Cours de Code civil, par Delvincourt. — *Paris, Fournier*, 1819. *3 vol. in-4°.*   **I 2**

Demolombe. Cours de Code Napoléon. — *Paris, Durand et Hachette*, 1854 à 1879. (*En cours de publication.*) *30 vol. in-8°.*   **I 7**

Duranton. Cours de Droit français suivant le Code civil. — *Paris, Gobelet et Thorel*, 1828 à 1837. *21 vol. in-8°.*   **I 3**

Laurent. Principes du Droit civil français. 3e édition. — *Paris, Marescq*, 1878. *33 vol. in-8°.*   **I 6**

Marcadé. Explication théorique et pratique du Code Napoléon par Marcadé. 5e édition. — *Paris*, 1855, 1856. *7 vol. in-8°.*   **I 9**

    Le 7e volume contient le Traité théorique et pratique des Priviléges et Hypothèques, par Paul Pont.

Pailliet. Manuel de Droit français. 6e édition. — *Paris, Desoer et Ce*, 1824. *1 vol. in-4°.*   **O 7**

Toullier. Le Droit civil français, suivant l'ordre du Code. — *Paris, Warée, 1824. 21 vol. in-8°.* (*Le 4e vol. manque.*) **I 4**

Troplong. Le Droit civil expliqué suivant l'ordre des articles du Code. — *Paris, Hingray, 1855. 27 vol. in-8°.* **I 8**

3. *Traités spéciaux suivant l'ordre du Code civil.*

Titre préliminaire. — Publication, Effets, Application des lois.

Livre Premier. — *Des Personnes.*

Valette. Explication sommaire du livre premier du Code Napoléon et des lois accessoires. — *Paris,* 1859. *1 vol. in-8°.* **I 9**

Proudhon. Cours de Droit français sur l'état des personnes et le titre préliminaire du Code civil. 2ᵉ édition. — *Dijon, Bernard Defay,* 1810. *2 vol. in-8°.* **I 1**

Titre 1. — **Jouissance et privation des droits civils.**

Legat. Code des Étrangers, ou traité de la législation française concernant les étrangers. — *Paris, Béchet aîné,* 1832. *1 vol. in-8°.* **H 6**

Mailher de Chassat. Traité des Statuts, lois personnelles et réelles d'après le Droit ancien et le Droit Romain. — *Paris, Durand,* 1845. *1 vol. in-8°.* **H 6**

Bonfils (Henri). De la Compétence des tribunaux français à l'égard des étrangers, en matière civile, commerciale et criminelle ; par Henri Bonfils. — *Paris. Durand,* 1865. *1 vol. in-8°.* **H 7**

Alauzet. De la Qualité de Français, de la Naturalisation et du Statut personnel des étrangers. 2ᵉ édition. — *Paris, Marchal et Billard,* 1880. *1 vol. in-8°* **I 9**

TITRE 2. — **Actes de l'Etat civil.**

Rieff. Commentaire sur la loi des Actes de l'État civil, par Rieff. — *Colmar et Paris,* 1837. *1 vol. in-8°.* **I 6**

TITRE 3. — **Du Domicile.**

Titre 4. — Des Absents

De Moly. Traité des Absents, suivant les règles consacrées par le Code civil, par de Moly, conseiller à la Cour royale de Toulouse. — *Paris et Toulouse, 1822. 1 vol. in-8°.*   **I 5**

Titre 5. — Du Mariage.

Allemand. Traité du Mariage et de ses effets, par Allemand, ancien bâtonnier à Riom. — *Paris et Riom, 1846. 2 vol. in-8°.*   **I 4**

Nougarède. Législation sur le Mariage et le Divorce, par André Nougarède. — *Paris, 1802. 1 vol. in-8°.*   **O 6**

— Histoire des lois sur le Mariage et le Divorce, depuis leur origine dans le Droit civil et coutumier, jusqu'à la fin du dix-huitième siècle ; par André Nougarède. — *Paris, 1803. 2 vol. in-8°.*   **E 4**

Vazeille. Traité du Mariage, de la Puissance maritale et de la Puissance paternelle ; par Vazeille, avocat à la Cour royale de Paris. — *Paris, 1825. 1 vol. in-8°.*   **I 5**

Titre 6. — **Du Divorce et de la Séparation de corps.**

Massol. De la Séparation de corps et de ses effets quant aux personnes et quant aux biens ; par Henri Massol, professeur suppléant à la Faculté de Toulouse. — *Paris*, 1841. *1 vol. in-8°.* **I 6**

Titre 7. — **Paternité. Filiation.**

Rolland de Villargues. Traité des Enfants naturels, d'après les principes du Code civil, et ceux de l'ancienne et de la nouvelle jurisprudence ; par Rolland de Villargues. — *Paris*, 1811. *1 vol. in-8°.* **I 4**

Loiseau. Traité des Enfants naturels, par M. Loiseau. — *Paris*, 1819. *1 vol. in-8°.* **I 4**

Titre 8. — Adoption.

TITRE 9. — **Puissance paternelle.**

Nougarède. Lois des familles, ou Essai sur l'histoire de la Puissance paternelle et sur le Divorce ; par Nougarède, baron de Fayet. 2ᵉ édition. — *Paris*, 1814. *1 vol. in-8°*.   **O 6**

— Essai sur l'histoire de la Puissance paternelle, par André Nougarède. — *Paris*, 1801. *1 vol. in-8°*.   **E 4**

TITRE 10. — **Minorité, Tutelle, Émancipation.**

Delahaye. Etudes du Code Napoléon, considéré particulièrement en ce qu'il intéresse les tutelles et curatelles, par M. Delahaye, ancien avocat. — *Paris, Desmarest*, 1810. *1 vol. in-8°*.   **I 5**

TITRE 11. — **Majorité, Interdiction, Conseil judiciaire.**

LIVRE II. — *Des Biens et de la Propriété*

TITRE 1. — **Distinction des Biens.**

Titre 2. — De la Propriété.

Chardon. Traité du droit d'Alluvion, avec figures, par Chardon. — *Avallon et Paris*, 1830. 1 vol. in-8°. **D 5**

Garbouleau. Du Domaine public, en Droit Romain et en Droit Français, par M. Garbouleau, docteur en droit et avocat. — *Paris*, 1859. 1 vol. in-8°. **H 4**

Proudhon. Traité du Domaine public, ou de la distinction des biens, considérés principalement par rapport au domaine public, par Proudhon, doyen de la Faculté de droit de Dijon. — *Dijon*, 1834. 5 vol. in-8°. **I 3**

— Traité du Domaine, de la Propriété et de la distinction des biens, considérés principalement par rapport au domaine privé; par Proudhon, doyen de la Faculté de droit de Dijon. — *Dijon*, 1839. 3 vol. in-8°. **I 3**

Titre 3. — Usufruit, Usage, Habitation.

Proudhon. Traité des droits d'Usufruit, d'usage, d'habitation et de superficie; par Proudhon, doyen de la Faculté de droit de Dijon. — *Dijon*, 1824. 8 vol. in-8°. **I 3**

Salviat. Traité de l'Usufruit, de l'usage et de l'habitation; par M. Salviat. 2me édition. — *Limoges*, 1817. 2 vol. in-8°. **I 4**

Titre 4. — **Des Servitudes.**

Fournel. Traité du Voisinage, considéré dans l'ordre judiciaire et administratif; par M. Fournel, jurisconsulte. 3me édition. — *Paris, 1812. 2 vol. in-8°.*   **I 4**

Gavini de Campile. Traité des Servitudes, ou confrontation du Droit français avec les lois romaines, concernant les droits d'usage et les services fonciers; par M. Gavini de Campile, conseiller à la Cour de Bastia. — *Paris, Hingray, 1853. 2 vol. in-8°.*   **I 4**

Jousselin. Traité des Servitudes d'utilité publique, ou des modifications apportées par les lois et par les règlements à la propriété en faveur de l'utilité publique; par Jousselin, avocat au Conseil d'État et à la Cour de cassation. — *Paris, 1850. 2 vol in-8°.*   **H 5**

Lalaure et Pailliet. Traité des Servitudes réelles, par M. Lalaure, avocat au Parlement de Paris. Nouvelle édition, revue et annotée par M. Pailliet, avocat à Orléans. — *Paris, 1827. 1 vol. in-8°.*   **I 4**

Pardessus. Traité des Servitudes ou services fonciers, par Pardessus, membre de l'Institut. 8me édition. — *Paris, 1838. 2 vol. in-8°.*   **I 4**

Perrin, Rendu et Sirey. Code Perrin, ou Dictionnaire des Constructions et de la Contiguïté. 2me édition. — *Paris, 1868. 1 vol. in-8°.*   **E 5**

Perrin. Code des Constructions et de la Contiguïté, ou législation complète des bâtiments, etc. 2me édition. — *Paris*, 1842. *1 vol. in-8°*. **E 5**

Solon. Traité des Servitudes réelles à l'usage des jurisconsultes, des experts et des propriétaires; par Solon, avocat. — *Paris*, 1841. *1 vol. in-8°*. **I 4**

LIVRE III. — *Manière d'acquérir la Propriété.*

TITRE 1. — **Des Successions.**

Chabot, de l'Allier. Commentaire sur la loi des Successions, formant le titre 1er du livre 3 du Code civil; par Chabot (de l'Allier), conseiller à la Cour de cassation. Nouvelle édition. — *Paris*, 1839. *2 vol. in-8°*. **I 2**

— Même ouvrage. 5me édition. — *Paris*, 1818. *3 vol. in-8°*. **I 2**

Malpel. Traité élémentaire des Successions ab intestat, par Malpel, professeur à la Faculté de droit de Toulouse. — *Toulouse*, 1824. *1 vol. in-8°*. **I 5**

Poujol. Traité des Successions, ou commentaire du titre 1 du livre 3 du Code civil; par M. Poujol, président de chambre à Colmar. 2ᵐᵉ édition. — *Paris*, 1843. 2 *vol. in-8°*. **I 5**

Vazeille. Résumé et conférence des Commentaires du Code civil sur les Successions, donations et testaments; par Vazeille, ancien avocat à la Cour de Riom. — *Clermont-Ferrand et Riom*, 1837. 3 *vol. in-8°*. **I 5**

Dufresne. Traité de la Séparation des patrimoines, suivant les principes du Droit Romain et du Code civil et de la Jurisprudence des Tribunaux; par Dufresne, avocat à Orléans. — *Paris et Orléans*, 1842. *1 vol. in-8°*. **I 5**

Barafort. Traité pratique de la Séparation des patrimoines. 2° édition. 1867. — *1 vol. in-8°*. **I 6**

Favard de Langlade. Manuel pour l'ouverture et le partage des Successions, avec l'analyse des principes sur les donations entre vifs, les testaments et les contrats de mariage; par Favard de Langlade, baron de l'empire, conseiller à la Cour de cassation. — *Paris*, 1811. *1 vol. in-8°*. **I 5**

Bonnet. Théorie et pratique des Partages d'ascendants, par Bonnet, président de chambre à Poitiers. — *Paris*, 1874. 2 *vol. in-8°*. **I 9**

Bilhard. Traité du Bénéfice d'Inventaire et de l'acceptation des successions, par M. Bilhard, avocat à la Cour royale de Toulouse. — *Paris*, 1838. *1 vol. in-8°*. **I 6**

Requier (J.). Partages d'ascendants (observations sur l'arrêt rendu par la Cour de cassation le 24 juin 1868). — *Paris*, 1868. *Broch. in-8°*. **O 6**

Dubernet de Boscq. Une réclamation à M. Demolombe. Partages d'ascendants. — *Agen*, 1867. *Broch. in-8°*. **O 6**

Titre 2. — **Donations et Testaments.**

Grenier. Traité des Donations et des Testaments, par Grenier. 2me édition. — *Clermont-Ferrand*, 1812. *2 vol. in-4°*.   **I 2**

Poujol. Traité des Donations entre vifs et des Testaments, ou commentaire du titre 2 du livre 3 du Code civil; par M. Poujol, président de chambre à la Cour royale de Colmar. — *Paris*, 1836. *2 vol. in-8°*.   **I 5**

Lauth. De la Quotité disponible entre époux, avec une introduction philosophique et historique; par Eug. Lauth. — *Paris*, 1862. *1 vol. in-8°*.   **I 9**

Thibault Lefebvre. Code des Donations pieuses, ou législation complète relative aux dons et aux legs faits aux établissements publics religieux ou laïques; par Thibault Lefebvre. — *Paris*, 1850. *1 vol. in-8°*.   **H 6**

Rolland de Villargues. Des Substitutions prohibées par le Code civil, par M. Rolland de Villargues. — *Paris*, 1821. *1 vol. in-8°*.   **I 4**

Beautemps Beaupré. De la Portion des biens disponible et de la réduction, par C.-J. Beautemps Beaupré, docteur en droit, substitut du procureur impérial au Tribunal de Troyes. — *Paris, Durand*, 1856. *2 vol. in-8°*.   **I 9**

Titre 3. — Contrats et Obligations.

Duranton. Traité des Contrats, ou des obligations en général, suivant le Code civil; par Duranton. — *Paris*, 1819. *4 vol. in-8°.* **I 2**

Larombière. Théorie et pratique des Obligations, par Larombière. — *Paris*, 1857. *5 vol. in-8°.* **I 9**

Bédarride. Traité du dol et de la fraude en matière civile et commerciale. 3mo édition. — *Paris, Marchal Billard et Comp.*, 1875. *4 vol. in-8°.* **D 7**

Chardon. Traité du Dol et de la Fraude en matière civile et commerciale, par Chardon. — *Avallon*, 1828. *3 vol. in-8°.* **E 6**

Perrin. Traité des Nullités de droit en matière civile, par Perrin, avocat, juge suppléant à Lons-le-Saulnier. — *Lons-le-Saulnier*, 1816. *1 vol. in-8°.* **I 6**

Solon. Théorie sur la Nullité des actes et des conventions de tous genres en matière civile, par Solon, avocat. — *Paris*, 1840. *2 vol. in-8°.* **I 5**

Bonnier. Traité théorique et pratique des Preuves en droit civil et en droit criminel, par Ed. Bonnier, professeur à la Faculté de droit de Paris. 3me édition. —*Paris*, 1862. *2 vol. in-8°.* **E 9**

Rodière. De la Solidarité et de l'Indivisibilité, par Rodière, professeur à la Faculté de droit de Toulouse. — *Paris et Toulouse*, 1852. *1 vol. in-8°.* **I 9**

TITRE 4. — Engagements qui se forment sans convention, Responsabilité.

Sourdat. Traité général de la Responsabilité, ou de l'action en dommages-intérêts en dehors des contrats; par Sourdat, docteur en droit. — *Paris, 1852. 2 vol. in-8°*.   **E 8**

Titre 5. — Du Contrat de Mariage.

Rodière et Pont. Traité du Contrat de Mariage et des Droits respectifs des époux relativement à leurs biens ; ouvrage contenant en outre l'examen du droit d'enregistrement dans ses rapports avec les conventions matrimoniales ; par Rodière et Pont. — *Paris, 1865. 3 vol. in-8°.* **I 9**

Benoît. Traité de la Dot, par Xavier Benoît, avocat à la Cour de Grenoble. — *Grenoble et Paris, 1829. 2 vol. in-8°.* **I 5**

— Traité des Biens Paraphernaux, par le même. — *Grenoble, 1834. 1 vol. in-8°.* **I 5**

Dutruc. Traité de la Séparation de biens judiciaire, par Dutruc. — *Paris, 1853. 1 vol. in-8°.* **I 9**

Ginouilhac. Histoire du Régime Dotal et de la Communauté en France, par Charles Ginouilhac. — *Paris, 1842. 1 vol. in-8°.* **I 5**

Lefebvre. De l'Emploi et du Remploi en rentes sur l'Etat. Commentaire de la loi du 2 juillet 1862, par Alph. Lefebvre. — *Paris, 1864. 1 vol. in-8°.* **I 9**

Seriziat. Traité du Régime Dotal, par Henri Seriziat, vice-président du Tribunal civil de Lyon. — *Lyon, 1843. 1 vol. in-8°.* **I 5**

Tessier. Traité de la Dot, suivant le régime dotal établi par le Code civil, ou conférence sur cette matière du nouveau droit avec l'ancien ; par Tessier. — *Paris et Bordeaux, 1835. 2 vol. in-8°.* **I 5**

TITRE 6. — Vente, Vices redhibitoires.

Galisset et Mignon. Nouveau traité des Vices redhibitoires d'après les principes du Code civil et la loi du 20 mai 1838, par Galisset, Armand Galisset et Mignon. (2ᵉ édition.) — *Paris*, 1852. 1 vol. *in-8°*. **E 5**

TITRE 7. — Échange.

Titre 8. — **Louage.**

Vanhuffel. (Voir au Droit commercial.)   D 7

Titre 9. — **Société.**

Paul Pont. Traité commentaire des Sociétés civiles et commerciales. — *Paris, 1880. 2 vol. in-8°*.   I 9

Titres 10, 11, 12, 13, 14, 15, 16, 17. — **Des Petits Contrats.**

Paul Pont. Explication théorique et pratique du Code civil. Des petits Contrats, par Paul Pont. — *Paris*, 1867. 2 vol. in-8°. **I 9**

Ponsot. Traité du Cautionnement en matière civile et commerciale, par Ponsot. — *Paris et Dijon*, 1844. 1 vol. in-8°. **I 5**

Cadrès. Code manuel de la Contrainte par corps et de l'emprisonnement pour dettes, en matière civile, commerciale, criminelle, correctionnelle et de police; par Emile Cadrès, avocat à la Cour de Paris. 2ᵉ édition. — *Paris*, 1842. 1 vol. in-12. **E 9**

Lassime. Traité de la Contrainte par corps. — *Paris, Durand*, 1863. 1 vol. in-8°. **E 9**

Titre 18. — **Priviléges et Hypothèques.**

Favard de Langlade. Traité des Priviléges et Hypothèques. — *Paris*, 1812. 1 vol. in-8°. **I 5**

Grenier. Traité des Hypothèques, par le baron Grenier. 2ᵉ édition. — *Clermont-Ferrand*, 1824. 2 vol. in-4°. **I 2**

Mourlon. Examen critique et pratique du Commentaire de M. Troplong sur les Priviléges, suivi d'un appendice sur la Transcription en matière hypothécaire; par Mourlon. — *Paris*, 1855. 2 *vol. in-8°*. **I 9**

Persil. Questions sur les Priviléges et Hypothèques, Saisies immobilières et Ordres; par Persil, avocat à Paris. 2ᵉ édition. — *Paris*, 1820. 2 *vol. in-8°*. **I 5**

— Régime hypothécaire, par Persil, docteur en droit. 3ᵉ édition. — *Paris*, 1820. 2 *vol. in-8°*. **I 5**

Paul Pont. Commentaire, traité théorique et pratique des Priviléges et Hypothèques, mis en rapport avec la loi sur la transcription; par Paul Pont. — *Paris*, 1856. *1 vol. in-8°*. **I 9**

— Explication des titres 18 et 19, livre 3 du Code Napoléon, ou commentaire-traité des Priviléges et des Hypothèques et de l'Expropriation forcée, mis en rapport avec la loi sur la transcription; par Paul Pont. — *Paris*, 1859. *1 vol. in-8°*. **I 9**

d'Hauthuille. De la Révision du régime hypothécaire, par Alban d'Hauthuille, professeur à Aix. — *Paris*, 1843. *1 vol. in-8°*. **I 9**

Rivière et Huguet. Questions théoriques et pratiques sur la Transcription en matière hypothécaire, dans l'ordre des articles de la loi du 23 mars 1855. — *Paris*, 1856. *1 vol. in-8°*. **I 9**

Flandin. De la Transcription en matière hypothécaire, par Flandin. — *Paris*, 1861. 2 *vol. in-8°*. **I 9**

Titre 19. — **Expropriation forcée.**

(Voir, ci-après, aux matières spéciales.)

Titre 20. — **Prescription.**

Vazeille. Traité des Prescriptions, suivant les nouveaux Codes français ; par Vazeille, ancien avocat à Riom. — *Riom,* 1822. *1 vol. in-8°.* **I 5**

b. CODE DE PROCÉDURE CIVILE.

1. *Texte, motifs et rapports.*

Dupin. Lois de la Procédure civile. **H 8**

2. *Ouvrages généraux.*

Locré. Esprit du Code de Procédure civile, par le baron Locré. — *Paris, Didot,* 1846. *4 vol. in-8°.* **H 8**

Le Praticien français en deux parties, par les rédacteurs de la Jurisprudence du Code civil. — *Paris, Baveux,* 1807. *5 vol. in-8°.* **H 8**

Bavoux et Loiseau. Jurisprudence des Cours de cassation et d'appel sur la Procédure civile et commerciale; par MM. Bavoux et Loiseau. — *Paris,* 1809. *3 vol. in-8°.* **H 8**

Berryat St-Prix. Cours de Procédure civile fait à la Faculté de droit de Paris. 4° édition. — *Paris, Nève,* 1821, *2 vol. in-8°.* **H 9**

Bioche. Dictionnaire de Procédure civile et commerciale, par M. Bioche. 3° édition. — *Paris, Videcoq père et fils,* 1845. *6 vol. in-8°.* **H 9**

Boncenne et **Bourbeau.** Théorie de la Procédure civile, par M. Boncenne, doyen de la Faculté de droit de Poitiers ; continué par Bourbeau. — *Paris, Videcoq,* 1837 à 1847. *6 vol. in-8°.* (*Il manque le tome 4°.*) **H 9**

Carré. Analyse raisonnée et conférence des opinions des commentateurs et des arrêts des Cours sur le Code de Procédure civile, par Carré, professeur de procédure. — *Rennes, Couzin Danelle,* 1811. *2 vol. in-4°.* **H 9**

Carré. Traité et question de Procédure civile, par le même. — *Rennes, Duchesne,* 1818. *2 vol. in-4°.* **H 9**

Chauveau sur Carré. Lois de la Procédure civile et administrative, par Carré. Mis au courant par Chauveau Adolphe, ancien doyen de la Faculté de droit de Toulouse. — *Paris, Cosse, Marchal et Billard.* 4° et 5° éditions. 1872 à 1880. *14 vol. in-8°, y compris 3 volumes du supplément, par Dutruc.* **H 8**

Pigeau. La Procédure civile des Tribunaux de France, par Pigeau, ancien avocat et professeur à l'École de droit de Paris. — *Paris, Garnery et Nicolle,* 1808. *2 vol. in-4°.* **H 9**

Souquet. Dictionnaire des termes légaux de Droit et de Procédure, par M. Souquet, ancien avoué. — *Paris,* 1846. *2 vol. in-f°.* **O 8**

3. *Traités spéciaux suivant l'ordre du Code de Procédure civile.*

Compétence des Tribunaux et organisation judiciaire.

Carré. Les lois de l'Organisation et de la Compétence des juridictions civiles, par Carré, professeur à la Faculté de droit de Rennes, — *Paris, Warée oncle*, 1825 et 1826. 2 *vol. in-4°*. **H 9**

Rodière. Exposition raisonnée des lois de la Compétence et de la Procédure en matière civile, par A. Rodière, professeur à la Faculté de droit de Toulouse. — *Albi*, 1840. 3 *vol. in-8°*. **H 8**

Livre premier. — *Justices-de-Paix.* — *Actions possessoires.* — *Bornage.*

Benech. Des Justices-de-Paix et des Tribunaux civils de première instance, d'après les lois des 11 avril et 25 mai 1838; par M. Benech, avocat, professeur de Toulouse. — *Paris, Videcoq, et Toulouse, Martegoute et Cie*., 1838. 1 *vol. in-8°*. **H 9**

Carou et Bioche. De la Juridiction civile des Juges-de-Paix, par Carou. 2ᵉ édition, annotée et augmentée de formules par Bioche. — *Paris, Thorel et Guilbert*, 1843. 2 *vol. in-f°. (Il manque le premier volume.)* **H 9**

Henrion de Pansey. De la Compétence des Juges-de-Paix, par M. le président Henrion de Pansey. 7ᵉ édition. — *Paris, Barrois père*, 1825. 1 *vol. in-8°*. **H 9**

Carou. Traité théorique et pratique des actions possessoires, par Carou. 2ᵉ édition. — *Paris, Thorel et Guibert*, 1841. 1 *vol. in-8°*. **H 7**

X. Attribué à Poncet. Traités élémentaires de Législation et de Procédure, à l'usage des élèves de la Faculté de droit de Dijon, par le professeur de législation et de procédure à cette Faculté. Premier traité. Des Actions. — *Dijon*, 1817. 1 *vol. in-8°*. **H 9**

Curasson. Traité de la Compétence des Juges-de-Paix. 4ᵉ édition. — *Paris, Marescq*, 1877. 2 *vol. in-8°*. **H 7**

Livre deuxième. — *Des Tribunaux inférieurs.*

Poncet. Traité des Jugements, par Poncet, professeur à Dijon. — *Dijon, Lagier,* 1822. *2 vol. in-8°.* **H 9**

Reynaud et Dalloz aîné. Traité de la Péremption d'instance en matière civile, par J.-E. Reynaud, substitut du procureur général à Montpellier; revu par M. Dalloz. — *Paris, Cotillon,* 1837. *1 vol. in-8°.* **H 7**

Livre troisième. — *Tribunaux d'appel.*

Rivoire. Traité de l'Appel et de l'instruction sur l'appel, complété par les lois relatives aux tribunaux civils de première instance du 11 avril 1838; aux justices-de-paix, du 25 mai de la même année; aux faillites, du 25 du même mois; aux tribunaux de commerce, du 3 mars 1840; aux ventes judiciares des biens immeubles, du 2 juin 1841, et à la saisie des rentes, du 24 mai 1842; par M. Rivoire, juge-suppléant au tribunal civil de Lyon. — *Paris, Joubert, et Lyon, Dorier,* 1844. *1 vol. in-8°.* **H 9**

Talandier. Traité de l'Appel en matière civile; par M. Talandier, président de chambre à la Cour de Limoges. — *Paris, Cotillon et Videcoq,* 1839. *1 vol. in-8°.* **H 7**

Livre quatrième. — *Voies extraordinaires contre les jugements.*

Livre cinquième. — *Exécution des jugements.*

Roger. Traité de la Saisie-arrêt, par Roger, avocat à Paris. 2ᵉ édition. — *Paris, Durand,* 1860, 1 vol. in-8°. **H 7**

Petit. Traité des Surenchères, par M. Petit, président de chambre à Douai. — *Paris, Cosse,* 1848. 1 vol. in-8°. **H 7**

Chauveau Adolphe. De la procédure de l'Ordre. — Commentaire de la loi du 21 mai 1858, par Chauveau Adolphe, professeur à la Faculté de droit de Toulouse. — *Paris, Cosse et Marchal,* 1860. 2 vol. in-8°. **H 7**

Ollivier et Mourlon. Commentaire de la loi sur les Saisies immobilières et sur les Ordres, par MM. Émile Ollivier et Mourlon. — *Paris, Marescq aîné,* 1858. 1 vol. in-8°. **H 7**

Audier. Code des Distributions et des Ordres. — *Paris, Durand,* 1865. 1 vol. in-8°. **H 7**

Bilhard. Traité des Référés, par M. Bilhard, avocat du barreau de Toulouse. — *Toulouse, Dagalier, et Paris, Videcoq,* 1834. 1 vol. in-8°. **H 9**

X. Ordonnances du président du tribunal de première instance de la Seine, suivies d'observations pratiques.—*Paris, Guyot et Scribe*, 1837. *1 vol. in-8°.* **H 7**

De Belleyme. Ordonnances sur requêtes et sur référés, selon la jurisprudence du tribunal de première instance du département de la Seine ; formules et observations par M. de Belleyme, président du tribunal de première instance. 3ᵉ édition. — *Paris, Cosse,* 1855. *2 vol.* **H 7**

Procédures diverses et nullités.

Livre premier. — *Procédures diverses.*

Dumesnil. Lois et règlements sur la Caisse des dépôts et consignations, par Dumesnil. 2ᵉ édition. — *Paris, Cosse,* 1853. *1 vol. in-8°.* **H 7**

Livre deuxième. — *Procédure relative à l'Ouverture d'une Succession.*

Livre troisième. — *Des Arbitrages.*

Goubeau de la Bilennerie. Traité général de l'Arbitrage en matière civile et commerciale, par M. Goubeau de la Bilennerie, président du Tribunal civil de Marennes. — *Paris, Renard et Villecoq,* 1827. 2 vol. *in-8°*. **H 9**

Nullités.

C. — CODE DE COMMERCE.

1. *Textes, motifs et rapports.*

Projet du Code de Commerce présenté aux consuls de la République le 13 Frimaire an X, par le ministre de l'intérieur, au nom d'une Commission nommée par le Gouvernement le 13 Germinal an IX. — *Paris, Giguet et Michaud,* 1802. *1 vol. in-8°.* **D 7**

2. Ouvrages généraux.

Locré. Esprit du Code de Commerce. — *Paris*, 1811. *10 vol. in-8°*. **D 6**

Daubenton. Dictionnaire du Code de Commerce. — *Paris*, 1808. *1 vol. in-8°*. **D 6**

Vincens. Exposition raisonnée de la législation commerciale et examen critique du Code de Commerce. — *Paris*, 1834. *3 vol. in-8°*. **D 6**

Pardessus. Cours de Droit commercial. 5° édition. — *Paris*, 1841. *6 vol. in-8°*. **D 8**

Goujet et Merger. Dictionnaire de Droit commercial. 2° édition. *Paris*, 1852. *4 vol. in-8°*. **D 8**

Delamarre et Le Poitvin. Traité théorique et pratique du Droit commercial. — *Paris*, 1861. *6 vol. in-8°*. **D 8**

Bravard-Veyrières et Demangeat. Traité de Droit commercial; cours professé à la Faculté de droit de Paris, par M. Bravard-Veyrières ; publié, annoté et complété par Ch. Demangeat. — *Paris*, 1862. *6 vol. in-8°*. **D 8**

Bédarride. Droit commercial, commentaire du Code de commerce; par Bédarride, avocat près la Cour d'appel d'Aix. — *25 vol. in-8°*. **D 7**

3. *Traités spéciaux suivant l'ordre du Code de Commerce.*

Livre premier. — *Du Commerce en général.*

Titres 1 et 2. — **Des Commerçants et des Livres de commerce.**

Molinier. Traité de Droit commercial. Tome premier. Des Actes de commerce. Des Commerçants. Des Livres de commerce et de la Comptabilité des sociétés commerciales. — *Paris*, 1846. *1 vol. in-8°.* **D 8**

Bédarride. Droit commercial. Des Commerçants. Des Livres de commerce. 2° édition. — *Paris, Durand,* 1876. *1 vol. in-8°.* **D 7**

Le François. Traité du Crédit ouvert en compte courant, moyennant affectation hypothécaire. — *Paris, Marchal et Billard,* 1878. *1 vol. in-8°.* **D 8**

Titre 3. — **Des Sociétés.**

Malepeyre et Jourdain. Traité des Sociétés commerciales, accompagné d'un précis de l'Arbitrage forcé. — *Paris,* 1833. *1 vol. in-8°.* **D 8**

Delangle. Des Sociétés commerciales. Commentaire du titre troisième du livre premier du Code de commerce. — *Paris,* 1843. 2 *vol. in-8°. (Nous n'avons que le premier volume.)* **D 8**

Romiguière. Commentaire de la loi sur les Sociétés en commandite par actions et de la loi sur les Arbitrages forcés. — *Paris,* 1861. *1 vol. in-8°.* **D 8**

Bédarride. Commentaire des lois des 17-23 juillet 1856, sur l'Arbitrage forcé et les Sociétés en commandite par actions. — *Paris, 1857. 1 vol.* **D 7**

— Droit commercial des Sociétés. — *Paris, Durand, 1856. 2 vol. in-8°.* **D 7**

— Commentaire de la loi du 24 juillet 1867, sur les Sociétés en commandite par actions, anonymes et coopératives. — *Paris, A. Rousseau, 1880. 2 vol. in-8°.* **D 7**

Titre 4. — **Des séparations de biens.**

Titre 5. — Des Bourses de commerce, Agents de change et Courtiers.

Mollot. Bourses de commerce, Agents de change et Courtiers. — Paris, 1831. *1 vol. in-8°.* **D 8**

Bédarride. Bourses de commerce, Agents de change et Courtiers. — *Paris, Durand,* 1862. *1 vol. in-8°.* **D 7**

Buchère. Traité théorique et pratique des Valeurs mobilières et Effets publics, comprenant un Commentaire de la loi du 15 juin 1872 sur les titres au porteur perdus ou volés. 2e édition. — *Paris, Marescq,* 1881. *1 vol. in-8°.* **E 6**

Titre 6. — Du Gage et des Commissionnaires.

Persil et Croissant. Des Commissionnaires. Des achats et des ventes. Commentaire sur les titres 6 et 7 du livre premier du Code de Commerce. — *Paris,* 1836. *1 vol. in-8°.* **D 8**

Lanoé. Code des Maîtres de poste, des Entrepreneurs de diligence et de roulage, et des Voituriers en général, par terre et par eau. — *Paris,* 1827. *2 vol. in-8°.* **D 6**

Vanhuffel. Traité du contrat de Louage et de Dépôt, appliqués aux voituriers, entrepreneurs de messageries, de roulage public, maîtres de bateaux, etc.; par Vanhuffel. — *Paris,* 1841. **D 7**

Bédarride. Des Chemins de fer au point de vue du transport des voyageurs et des marchandises. — *Paris, Marchal et Billard,* 1876. *2 vol. in-8°.* **D 7**

— Des Commissionnaires. — 1863, *1 vol. in-8°.* **D 7**

Titre 7. — **Achats et ventes.**

Persil et Croissant. D 8

Bédarride. Des Achats et des Ventes. — *Paris, Durand*, 1862. *1 vol. in-8°.* D 7

Titre 8. — **De la Lettre de change, des Billets à ordre et de la Prescription.**

Nouguier. Des Lettres de change et des Effets de commerce en général. — *Paris*, 1839. 2 *vol. in-8°*. **D 8**

— Même ouvrage. 4ᵉ édition ; avec un Commentaire de la loi de 1865 sur les Chèques. — *Paris, Coste, Marchal et Billard*, 1875. 2 *vol. in-8°*. **D 8**

Bédarride. De la Lettre de change, des Billets à ordre et de la Prescription. — *Paris, Durand*, 1861. 2 *vol. in-8°*. **D 7**

— Commentaire de la loi du 14 juin 1865 sur les Chèques. — *Paris, A. Rousseau*, 1879. *1 vol. in-8°*. **D 7**

Livre deuxième. — *Du Commerce maritime.*

Boulay Paty. Cours de Droit commercial maritime. — *Rennes et Paris*, 1823. *4 vol. in-8°*. **D 9**

Beaussant. Code maritime, ou lois de la marine marchande, administrative, de commerce, civiles et pénales. — *Paris*, 1840. 2 *vol. in-8°*. **D 9**

Cresp et Laurin. Cours de Droit maritime, par Cresp; annoté par Laurin. — Art. 190 à 272 du Code de commerce. Loi du 10 déc. 1874. — *Paris*, 1876. 2 *vol. in-8°*. **D 9**

Desjardins (A.). Traité de Droit commercial et maritime. — *Paris, Durand*, 1880. *3 vol. in-8°*. **D 9**

Titres 1, 2 et 3. — **Des Navires et autres Bâtiments de mer, de la Saisie et Vente des navires, Des Propriétaires des navires.**

Titres 4, 5, 6, 7, 8. — **Du Capitaine, de l'Engagement et du Loyer des gens de l'équipage, des Chartes-parties, Affrétements et Nolissements, du Connaissement, du Fret et du Nolis.**

Titre 9. — Des Contrats à la grosse.

Titres 10, 11 et 12. — Des Assurances, des Avaries, du Jet et de la Contribution.

Villiam Benecke et Dubernad. Traité des principes d'indemnité en matière d'assurances maritimes et de grosse aventure sur navire et marchandises, par William Benecke de Llyods ; traduit et augmenté d'un commentaire par Dubernad, ancien négociant. — *Paris,* 1825. *2 vol. in-8°.* **D 9**

Alauzet. Traité général des Assurances maritimes, terrestres et sur la vie. — *Paris,* 1843. *2 vol. in-8°.* **D 9**

Laget de Podio. Traité et questions sur les Assurances maritimes. — *Marseille,* 1847. *2 vol. in-8°.* **D 9**

Cauvet. Traité des Assurances maritimes. — *Paris,* 1879-1881. *2 vol. in-8°.* **D 9**

Titres 13 et 14. — Des Prescriptions et des fins de non recevoir.

Livre troisième. — *Des Faillites et Banqueroutes.*

Titre 1. — De la Faillite.

Boulay Paty. Des Faillites et Banqueroutes, suivi du titre de la revendication en matière commerciale et de quelques observations sur la déconfiture. — *Paris,* 1825. *1 vol. in-8°.*   **D 6**

Renouard. Traité des Faillites et des Banqueroutes. — *Paris,* 1842. *2 vol. in-8°.*   **D 7**

Bédarride. Traité des Faillites et des Banqueroutes. 5° édition. — *Paris,* 1874. *3 vol. in-8°.*   **D 7**

Titre 2. — Des Banqueroutes.

Titre 3. — De la Réhabilitation.

LIVRE QUATRIÈME. *De la Juridiction commerciale.*

Laget de Podio. Nouvelle Juridiction des Consuls de France à l'étranger. 2ᵉ édition. 1844. — *2 vol. in-8°.* **D 7**

Orillard. De la Compétence et de la Procédure des Tribunaux de commerce. Traité de la Juridiction commerciale. — *Paris*, 1855. *1 vol. in-8°.* **D 7**

Bédarride. De la Juridiction commerciale. — *Paris, Durand,* 1864. *1 vol. in-8°.* **D 7**

d. — CODÉS D'INSTRUCTION CRIMINELLE ET PÉNAL.

Texte.

Dupin. Lois criminelles. **E 6**

1. *Recueils généraux.*

Le Graverend. Traité de la législation criminelle en France, par J.-M. Le Graverend. 2ᵉ édition. — *Paris, Béchet ainé, 1823. 2 vol. in-4º.* **O 8**

Garnier Dubourgneuf et Chanoine. Lois d'instruction criminelle et pénales, ou appendice aux codes criminels. — *Paris, Tournachon Molin, 1826. 4 vol. in-8º.* **O 4**

Morin. Répertoire général et raisonné du Droit criminel. **E 9**

— Journal de Droit criminel. — *52 années en 33 vol. in-8º. (En cours de publication.)* **E 7**

2. Instruction criminelle.

Bourguignon. Manuel d'Instruction criminelle. 3ᵉ édition. — *Paris, Garnery*, 1811. 2 vol. in-8°.   **E 8**

Carnot. De l'Instruction criminelle. — *Paris, Migneret*, 1812. 3 vol. in-4°.   **O 8**

Hélie (Faustin). Traité de l'Instruction criminelle, ou théorie du Code d'instruction criminelle. *Paris*, 1845-1860. 9 vol. in-8°.   **E 8**

Mangin. Traité des procès-verbaux en matière de délits et de contraventions ; introduction par Faustin Hélie. — *Paris*, 1839. 1 vol. in-8°.   **E 9**

— Traité de l'action publique et de l'action civile en matière criminelle. — *Paris*, 1837. 2 vol. in-8°.   **E 9**

Nouguier. La Cour d'assises, traité pratique. — *Paris, Cosse et Marchal*, 1860. 5 vol. in-8°.   **E 9**

Ortolan et Ledeau. Le Ministère public en France. Traité et Code de son organisation, de sa compétence et de ses fonctions. — *Paris, Fanjat aîné*, 1831. 2 vol. in-8°.   **E 9**

3. Code pénal.

Bavoux. Leçons préliminaires sur le Code pénal, ou examen de la législation criminelle en France. — *Paris, Bavoux,* 1821. *1 vol. in-8°.* **E 6**

Blanche. Études pratiques sur le Code pénal. — *Paris, Cosse et Marchal,* 1861 1872. *7 vol. in-8°.* **E 8**

Bédarride (Israël). Étude de législation pénale. De la peine de mort. De la révision des condamnations criminelles. — *Montpellier,* 1865. *in-8°.* **E 6**

— Même ouvrage. 2ᵉ édit. — *Paris, Marescq,* 1867. *1 vol. in-8°.* **E 6**

Carnot. Commentaire sur le Code pénal, par Carnot. — *Paris, Warée,* 1823. *2 vol. in-4°.* **O 8**

Chauveau (Adolphe) **et Hélie** (Faustin). Théorie du Code pénal. — *Paris, Cosse,* 1872-1873. *6 vol. in-8°.* **E 8**

Dutruc (Gustave). Le Code pénal modifié par la loi de 1863. — *Paris, Cosse,* 1863. *1 vol. in-8°.* **E 9**

Hélie (Faustin). Commentaire de la loi du 13 mai 1863. — *Paris, Cosse et Marchal,* 1863. *1 vol. in-8°.* **E 9**

Pellerin (Albert). Commentaire de la loi du 13 mai 1863. — *Paris, Durand,* 1863. *1 vol. in-8°.* **E 9**

Lassime. De la Contrainte par corps. — *Paris, Durand,* 1863. *1 vol. in-8°.* **E 9**

e. CODE FORESTIER.

Dupin. Lois forestières avec les lois sur la pêche et la chasse. **D 5**

Meaume. Commentaire du Code forestier. — *Paris, Delamotte,* 1843. *1 vol. in-8°.* **D 5**

Curasson. Le Code forestier. — *Dijon, Lagier,* 1836. *2 vol. in-8°.* **D 5**

f. — LOIS RURALES.

Fournel et Rondonneau. Les lois rurales de la France. 5ᵉ édition. — *Paris,* 1823. *2 vol. in-12.* **D 6**

Jay et Beaume (Alexis). Traité de la vaine pâture et du parcours. — *Paris, Durand,* 1863. *1 vol. in-8°.* **D 6**

SECTION III. — Droit administratif.

a. — OUVRAGES GÉNÉRAUX.

Doctrine.

Hélie (Faustin-Adolphe). Les Constitutions de la France, avec un commentaire. — *Paris, Marescq*, 1880. 1 vol. in-4°. **H 5**

Orillard. Code des Conseils de préfecture délibérant au contentieux. — *Paris, Cosse*, 1866. 1 vol. in-8°. **H 5**

Aucoc. Conférences sur l'Administration et le Droit administratif faites à l'école des Ponts-et-Chaussées. 2° édition. — *Paris, Dunod*, 1878. 3 vol. in-8°. **H 4**

De Cormenin. Questions de Droit administratif, par M. le baron de Cormenin. — *Paris*, 1822. 2 vol. in-8°. **H 3**

Foucart. Éléments de Droit public et administratif, par Foucart, professeur à Poitiers. — *Paris*, 1829. 3 vol. in-8°. **H 5**

Dufour. Traité général de Droit administratif, par Dufour, avocat à la Cour de cassation. — *Paris*, 1843. 4 vol. in-8°. **H 5**

De Cormenin. Questions de Droit administratif, par M. de Cormenin. — *Paris*, 1840. 2 vol. in-8°. **H 3**

Chauveau (Adolphe) **et Batbie.** Journal de Droit administratif, ou le Droit administratif mis à la portée de tout le monde. Recueil qui comprend la législation, la jurisprudence et la doctrine; par Chauveau (Adolphe) et A. Batbie. — 1854 à 1879. 27 vol. in-8°. (*En cours de publication.*) **H 3**

Batbie. Traité théorique et pratique de Droit public et administratif, par A. Batbie. — *Paris*, 1868. 7 vol. in-8°. **H 5**

Chauveau. Principes de compétence et de juridiction administratives, par Chauveau (Adolphe), professeur à Toulouse. — *Paris*, 1844. 3 vol. in-8°. **H 5**

Solon. Répertoire administratif, ou règles générales sur la juridiction et la compétence; par Solon, professeur au Caire. — *Paris,* 1845, *4 vol. in-8°.* **H 5**

Jurisprudence.

Sirey. Jurisprudence du Conseil d'État, ou recueil des décisions, arrêts et actes du Conseil d'Etat sur le contentieux de l'Administration, les conflits et autres matières administratives ; par Sirey. — *Paris,* 1806-1821. *5 vol. in-4°.* **H 3**

Ledru Rollin. Journal du Palais ; lois, décrets règlements et instructions d'intérêt général, suivis d'annotations. Année 1851 à 1876. — *10 vol. in-4°.* **H 4**

— Jurisprudence administrative en matière contentieuse, par M. Ledru Rollin, docteur en droit. 11 volumes, depuis l'an VIII jusqu'à 1851. — *Paris,* 1842-1851. *11 vol. in-4° (manque le tome 10).* **H 4**

— Supplément. Jurisprudence administrative, 1852 à 1876. — *6 vol. in-4°.* **H 4**

Macarel. Jurisprudence administrative. Extrait des décisions rendues par le Conseil d'Etat en matière contentieuse, par Macarel, avocat. — *Paris, Dondey et Dupré,* 1818. *2 vol. in-8°.* **H I**

— Recueil des arrêts du Conseil, ou ordonnances rendues en Conseil d'Etat sur toutes les matières du contentieux de l'adminis-

tration, par Macarel et ses successeurs; recueil périodique depuis
1821. 48 vol. à ce jour. (*Ouvrage en cours de publication.*) **H 1 2**

Macarel. Recueil analytique des principales décisions du Conseil
de préfecture de la Seine statuant sur le contentieux. — 1867 à
1870. — 1871 à 1874. — *1 vol.* — *Paris, de Mourgues,* 1874 et
1875. **H 5**

X. Mémorial des Actes de la préfecture du département de l'Hérault.
— *Montpellier, A. Ricard,* 1815-1817. *2 vol. in-8°.* **E 5**

b. — TRAITÉS SPÉCIAUX.

Bavelier. Dictionnaire de droit électoral. — *Paris,* 1877. *1 vol.
in-8°.* **H 5**

Garbouleau. Du Domaine public en droit Romain et en droit Français par M. Garbouleau, docteur en droit et avocat. — *Paris,* 1859.
1 vol. in-8°. **H 4**

X. Du Pouvoir municipal, de sa nature, de ses attributions et rapports
avec l'autorité judiciaire. — *Paris,* 1820. *1 vol. in-8°.* **H 4**

Guillon et Stourne. Code des municipalités, collection des lois
sur l'administration des communes et des départements, par MM.
J.-L. Guillon et Stourne. 2 livraisons. Traité de la grande-voirie, de
la voirie des bourgs, petites villes et villages. — *Paris,* 1834. *1 vol.
in-12.* **H 5**

Husson (A). Traité de la législation des travaux publics et de la voirie en France, par M. Armand Husson, sous-chef du bureau des Ponts-et-Chaussées. — *Paris, Hachette*, 1841. 2 vol. *in-8°*. **H 5**

Christophle. Traité théorique et pratique des travaux publics, ou résumé de la législation et de la jurisprudence; par A Christophle, avocat au Conseil d'Etat et à la Cour de cassation. — *Paris, Marescq aîné*, 1862. 2 vol. *in-8°*. **H 5**

Delvincourt. Livre des entrepreneurs et concessionnaires de travaux publics. 3ᵉ édition. — *Paris, Durand*, 1861. 1 vol. *in-8°*. **E 5**

Dumay (Victor). Commentaire de la loi du 21 mai 1836 sur les chemins vicinaux. Nouvelle édition. — *Dijon, Lagier*, 1844. 2 vol. *in-8°*. **H 5**

Tarbé. Manuel Roret. Nouveau manuel complet des poids et mesures, des monnaies, du calcul décimal et de la vérification. Nouvelle édition, par M. Tarbé, avocat général à la Cour de Cassation. — 1840. 1 vol. *in-12*. **O 6**

Trébuchet. Code administratif des établissements dangereux, insalubres et incommodes; par A. Trébuchet. — *Paris, Béchet jeune*, 1832. 1 vol. *in-8°*. **H 5**

SECTION IV. — Matières spéciales.

1. Assistance judiciaire.

Brière Valigny. Code de l'Assistance judiciaire. — *Paris,* 1866. *1 vol. in-8°*.   **E 6**

2. Assurances.

Herbault. Traité des Assurances sur la vie, revu et publié par Daniel de Folleville. — *Paris, Marescq,* 1877. *1 vol. in-8°.*   **E 5**

Philouze. Manuel du contrat d'Assurances. — Assurances contre l'incendie; Assurances sur la vie. Principes de jurisprudence. — *Paris, Laroze,* 1879. *1 vol in-8°.*   **E 5**

3. *Avocats. Barreau.*

Camus et Dupin. Lettres sur la profession d'avocat. 4ᵉ édition. — *Paris, Warée,* 1818. *2 vol. in-8°*.   **H 7**

Clair et Clapier. Barreau français. Collection des chefs-d'œuvre de l'éloquence judiciaire en France. *16 vol. in-8° en 2 séries.* — *Paris, Pankoucke,* 1823.   **J 3**

Gin. De l'Éloquence du Barreau, par M. Gin, secrétaire du roi, avocat au Parlement. — *Paris, Hérissant fils,* 1767. *1 vol. in-12.*   **O 6**

Joly (Maurice). Le Barreau de Paris. Etudes politiques et littéraires. — *Paris, Gosselin,* 1863. *1 vol. in-8°*.   **H 7**

Liouville (Félix). De la profession d'Avocat. 3ᵉ édition. — *Paris, Cosse et Marchal,* 1864. *1 vol. in-8°*.   **H 7**

Mollot. Règles de la profession d'Avocat. 2ᵉ édition. — *Paris, Durand,* 1866. *2 vol. in-8°.*   **H 7**

Pinard (O.). Le Barreau. — *Paris, Pagnerre,* 1843. *1 vol. in-8°.* **H 7**

Liouville (Félix). Paillet ou l'Avocat, conseils d'un ancien aux stagiaires sur l'exercice de la profession d'avocat. — *Paris, Marchal et Billard,* 1880, *in-12.*   **H 7**

Barreau de Paris. Fête donnée à Berryer, le 21 décembre 1861. — *Paris, Durand,* 1861, *in-8°.*

— Fête donnée à Marie, le 27 décembre 1869. — *Paris, Durand,* 1870, *in-8°.*

— Discours de Dufaure à l'ouverture de la Conférence, le 19 décembre 1863. — *Paris,* 1863, *in-8°.*

— Discours de Nicolet à l'ouverture de la Conférence, le 23 novembre 1878. — *Paris,* 1879, *in-8°.*   **H 7**

Barreau de Montpellier. Observations du Barreau de Montpellier sur le règlement de l'Ordre des avocats, adressées à S. G. Mgr le Garde des sceaux de France, ministre de la justice. — *Montpellier, A. Ricard,* 1829. *Broch. in-8°.*

— Discours de Bédarride à l'ouverture de la Conférence. — *Montpellier,* 1864.

— Discours de Bédarride à l'ouverture de la Conférence. 1869.

— Allocution de M⁰ Lisbonne (Eugène) à l'ouverture de la Conférence, le 23 décembre 1867.

— Etude nécrologique sur Israël Bédarride, par Eugène Lisbonne. — *Montpellier,* 1870. **H 7**

Barreaux de France. Consultation sur les décrets du 29 mars 1880 et sur les mesures annoncées contre les associations religieuses, par M⁰ Rousse, — *Paris, Durand et Lauriel,* 1880. *1 vol. in-4°.* **H 7**

— Autre exemplaire, avec l'adhésion motivée de M⁰ Demolombe et celle d'un grand nombre de barreaux. — *Paris,* 1880. *1 vol. in-4°.*

4. *Chasse.*

Camusat Busserolles et Franck Carré. Code de la police de la Chasse. — *Paris, Cosse et Delamotte,* 1844. *1 vol. in-8°.* **E 9**

Dufour (baron). La Loi sur la Chasse expliquée à l'aide de la jurisprudence. 2⁰ édition. — *Paris, Durand,* 1863. *1 vol. in-8°.* **E 9**

Giraudeau et Lelièvre. La Chasse, suivie de la Louveterie, du droit sur le Gibier, la responsabilité des Chasseurs, etc. — *Paris, Dupont,* 1868. *1 vol. in-18.* **E 9**

De Chapel d'Espinassoux. Du droit de Chasse en droit romain, en droit ancien et en droit français. Thèse pour le doctorat. — *Montpellier, Ricateau,* 1876. *1 vol. in-8°.* **E 9**

5. Chemins de fer.

Nogent Saint-Laurens. Traité de la législation et de la jurisprupence des Chemins de fer, par Nogent Saint-Laurens, avocat à Paris. —*Paris*, 1841, *1 vol. in-8°*. **E 6**

Guillaume. De la législation des Rails-routes ou Chemins de fer en Angleterre et en France, par Achilles Guillaume. — *Paris*, 1838. *1 vol. in-8°*. **E 6**

Pecqueur. De la législation et du mode d'exécution des Chemins de fer, par Pecqueur. — *Paris*, 1840. *1 vol. in-8°*. **E 6**

Lamé Fleury. Code annoté des Chemins de fer en exploitation, par Lamé Fleury. — *Paris*, 1861. *1 vol. in-8°*. **E 6**

— Bulletin annoté des chemins de fer en exploitation, ou Recueil périodique des lois, décrets, etc., faisant suite au Code annoté. — *Paris, Chaix*, 1869-1881, *12 vol. in-8°*.(*En cours de publication.*) **E 6**

Rebel et Juge. Traité de la législation et de la jurisprudence des Chemins de fer, par Rebel et Juge. — *Paris*, 1847. *1 vol. in-8°*. **E 6**

Palaa (G.). Dictionnaire législatif et règlementaire des Chemins de fer, par G. Palaa. 2ᵉ édition. — *Paris, Cosse, Marchal et Billard*, 1872. *1 vol. in-8°*. **E 6**

X. Répertoire méthodique de la législation des Chemins de fer, indiquant les dispositions législatives et règlementaires insérées au Bulletin des Lois. — *Paris, Imprimerie Impériale*, 1864. *1 vol. in-fol.* **E 6**

6. *Contributions directes.*

7. *Contributions indirectes.*

Saillet et Olibo. Codes des Contributions indirectes, ou lois organiques annotées. — *Lyon,* 1865-1873. *3 vol. in-8°.*   **E 6**

Trescazes (A.). Nouvelle édition du dictionnaire général ou manuel alphabétique des Contributions indirectes, des Octrois et des Manufactures de l'État. — *Lons-le-Saulnier,* 1878. *1 vol. in-4°.*   **E 6**

8. *Douanes.*

X. Manuel des Douanes. (Sans autres indications.) **E 6**

Chauvassaignes. Manuel pratique des préposés de Douanes en France, par Chauvassaignes. — *Paris, Baudouin frères, 1826. 1 vol. in-8°.* **E 6**

Marie du Mesnil. Nouveau dictionnaire de la législation des Douanes, par Marie du Mesnil. — *Paris, V° Béchet, 1830. 1 vol. in-8°.* **E 6**

9. Droit Ecclésiastique. Cultes.

Carré. Traité du gouvernement des Paroisses, par Carré, professeur à Rennes. — *Rennes, Duchesne*, 1821. 1 vol. in-8°. **H 6**

Affre. Traité de l'administration temporelle des Paroisses, par M. l'abbé Affre, vicaire général de Paris. — *Leclère et Cie*, 1839. 1 vol. in-8°. **H 6**

Dupin. Manuel du Droit public ecclésiastique français, par M. Dupin, procureur général à la Cour de Cassation. — *Paris, Videcoq*, 1844. 1 vol. in-8°. **H 6**

Gaudry. Traité de la législation des Cultes et spécialement du Culte Catholique, par Gaudry, ancien bâtonnier de l'ordre des avocats à Paris. — *Paris, Durand et Belin*, 1854. 3 vol. in-8°. **H 6**

Poujol. Le Catholicisme et la Société moderne, par Amédée Poujol. — *Montpellier*, 1862. 1 vol. in-8°. **E 4**

Thibault Lefebvre. Code des Donations pieuses, ou législation complète relative aux dons et legs faits aux établissements publics religieux ou laïques et aux associations de toute nature ; par Thibault Lefebvre, avocat à la Cour de Cassation et au Conseil d'État. — *Paris. Cosse*, 1850. 1 vol. in-8°. **H 6**

10. *Droit des Gens. Droit international.*

Burlamaqui. Principes du Droit de la Nature et des Gens et du Droit public général, par Burlamaqui. Nouvelle édition, revue et augmentée par Félice et Cotelle fils. — *Paris, Janet et Cotelle,* 1821. *1 vol. in-8°.* **H 6**

Vattel. Le Droit des Gens, ou principes de la loi naturelle appliquée à la conduite et aux affaires des nations et des souverains ; par M. de Vattel. Nouvelle édition. — *Paris, Rey et Gravier,* 1820. 2 *vol. in-8°.* **H 6**

Hugonis Grotii De Jure Belli ac Pacis, libri tres. Editio nova. — *Amstelodami, apud Joannem Blaeu,* 1857. *1 vol. in-8°.* **H 6**

— Le Droit de la Guerre et de la Paix ; nouvelle traduction par Jean Barbeyrac. — *Amsterdam, chez Pierre de Coup,* 1724. *2 vol in-4°.* **K 3**

Mailher de Chassat. Traité des Statuts (Lois personnelles, lois réelles) d'après le droit ancien et le droit moderne, ou le droit international privé; par Mailher de Chassat, ancien magistrat, avocat à la Cour de Paris. — *Paris, Durand,* 1845. *1 vol. in-8°.* **H 6**

Gaschon. Code diplomatique des Aubains, ou du Droit conventionnel entre la France et les autres puissances. — *Paris, Foucault,* 1818. *1 vol. in-8°.* **H 6**

Pasquale Fiore. Droit international privé, ou principes pour résoudre les conflits entre les législations diverses en matière de droit civil et commercial ; par Pasquale Fiore ; traduit de l'italien, par P. Pradier Fodéré. — *Paris, Durand,* 1875. *1 vol. in-8°.* **H 6**

Dufau Duvergier et Guadet. Collection des Constitutions, Chartes et lois fondamentales des peuples de l'Europe et des deux Amériques. — *Paris, Pichon et Didier,* 1830. 7 *volumes.* **D 2**

Martens (de). Recueil des principaux traités d'alliance, de paix, de trève, de neutralité, de commerce, etc., conclus par les puissances de l'Europe, depuis 1761 jusqu'à présent. — *Göttingue, chez Jean Chrétien Dieterich,* 1791 à 1801. 7 *vol. in-8°.* **D 4**

— Supplément au Recueil des principaux traités d'alliance, etc. — *Göttingue, chez Henri Dieterich,* 1802 à 1808. *4 vol. in-8°.* **D 4**

11. *Droit industriel.*

(Brevets d'invention. — Concurrence déloyale.)

Blanc. Traité de la Contrefaçon en tous genres et de sa poursuite en justice; par Étienne Blanc, avocat à la Cour impériale de Paris. 4° édition. — *Paris, Plon et Cosse,* 1855. *1 vol. in-8°.* **H 6**

Rendu et Ch. Delorme. Traité pratique de Droit industriel avec un répertoire alphabétique et les formules des principaux actes industriels; par M. Ambroise Rendu, avocat à la Cour de Cassation, et Charles Delorme, avocat à la cour de Paris. — *Paris, Cosse,* 1855. *1 vol. in-8°.* **H 6**

Renouard. Traité des Brevets d'invention, de perfectionnement et d'importation; par Charles Renouard, avocat à la Cour impériale de Paris. — *Paris, Renouard,* 1825. *1 vol. in-8°.* **H 6**

Huard. Répertoire de législation et de jurisprudence en matière de Brevets d'invention, par Adrien Huard, avocat à la Cour impériale de Paris. — *Paris, Cosse et Marchal,* 1863. *1 vol. in-8°.* **H 6**

Pataille et Huguet. Code international de la propriété industrielle, artistique et littéraire, par I. Pataille, avocat à Paris, et Huguet, avocat au Conseil d'État et à la Cour de cassation. — *Paris, Marescq et Dujardin,* 1855. *1 vol. in-8°.* **H 6**

Bédarride. Commentaire des lois sur les Brevets d'invention, sur les noms des fabricants et des lieux de fabrication, sur les marques de fabrique et de commerce. — *Paris, Cosse,* 1869. *3 vol. in-8°.* **D 7**

Pouillet (Eug.). Traité théorique et pratique des Brevets d'invention et de la Contrefaçon. 2° édition. — *Paris, Marchal et Billard,* 1879. *1 vol. in-8°.* **H 6**

— Traité des Marques de fabrique et de la Concurrence déloyale en tous genres. — *Paris, Marchal et Billard,* 1875. *1 vol. in-8°.* **H 6**

— Traité théorique et pratique de la Propriété littéraire et artistique et du droit de représentation. — *Paris, Marchal et Billard,* 1879. *1 vol. in-8°.* **H 6**

12. *Eaux.*

Garnier. Régime des Eaux, ou des rivières navigables, flottables ou non; par M. Garnier. — *Paris,* 1822. *1 vol. in-8°.* **D 5**

— Supplément au Régime des Eaux, par M. Garnier. 2° édition. — *Paris,* 1835. *1 vol. in-8°.* **D 5**

Dubreuil. Analyse raisonnée de la législation sur les Eaux, par Dubreuil, avocat. Nouvelle édition. — *Aix,* 1842. *2 vol. in-8°.* **D 5**

Nadault de Buffon. Des Mines sur les cours d'eau. Développement sur les lois et règlements qui régissent cette matière; par M. Nadault de Buffon. — *Paris*, 1840, 2 *vol. in-8°*. **D 5**

Championnière. De la propriété des Eaux courantes, du droit des riverains et de la valeur actuelle des concessions féodales; par M. Championnière, avocat. — *Paris*, 1846. *1 vol. in-8°*. **D 5**

Daviel. Traité de la législation et de la pratique des cours d'eau, par A Daviel. 3° édition. — *Paris*, 1845. *3 vol. in-8°*. **D 5**

Vignerte. Manuel juridique et pratique de l'irrigateur, avec plan lithographié; par MM. Benjamin Vignerte, avocat, et A. E., ancien avoué. — *Paris*, 1846. *1 vol. in-8°*. **D 5**

Sabadel. La législation en vigueur sur les Eaux minérales, recueillie et coordonnée par M. Sabadel, chef de division à la préfecture de l'Hérault. — *Montpellier*, 1865. *1 vol. in-12*. **D 5**

13. *Économie politique.*

Garbouleau. Éléments d'Économie politique, à l'usage des gens du monde; par Paul Garbouleau, docteur en droit, avocat à Montpellier. — *Montpellier*, 1862. *1 vol. in-8°*. **E 4**

14. *Élections.*

Favard de Langlade. Législation électorale, avec l'analyse des principes et de la jurisprudence sur cette matière ; par M. le président Favard de Langlade. *Paris,* 1830. *1 vol. in-8°.* **E 4**

Bavelier (André). Dictionnaire de droit électoral. — *Paris, Paul Dupont,* 1877. *1 vol. in-8°.* **H 5**

15. *Enregistrement.*

X. Dictionnaire des droits d'Enregistrement, de timbre, de greffe et d'hypothèques, par les rédacteurs du Journal d'Enregistrement. — *Paris*, 1810. *1 vol. in-4°.* **O 7**

Masson de Longpré. Code annoté de l'Enregistrement. 2ᵉ partie. — *Paris, Piscin*, 1839. *1 vol. in-8°.* **D 5**

— Bulletin Annuel de l'Enregistrement, faisant suite au Code annoté de l'Enregistrement. Recueil publié sous la direction de M. Masson de Longpré. t. I, années 1839, 1840, 1841, 1842. — *Paris, Pissin*, 1843. *1 vol. in-8°.* **D 5**

Championnière et Rigaud. Traité des droits de l'Enregistrement, de timbre et d'hypothèques, et des contraventions à la loi sur le notariat, suivi d'un dictionnaire analytique ; par MM. Championnière et Rigaud. — *Paris*, 1835-1851. *6 vol. in-8°.* **D 5**

Dictionnaire des droits d'Enregistrement, de timbre, de greffe et d'hypothèques, par les rédacteurs du Journal de l'Enregistrement et des Domaines. — *Paris, Cosse et Marchal*, 1875. *5 vol. in-4°.* **D 5**

16. *Établissements dangereux et insalubres.*

Trébuchet. Code administratif des établissements dangereux, insalubres ou incommodes ; par Adolphe Trébuchet, avocat à Paris. — 1832. *1 vol. in-8°*. **H 5**

17. *Expropriation pour cause d'utilité publique.*

De Lalleau. Traité d'Expropriation pour cause d'utilité publique. par de Lalleau. — *Paris,* 1856. *5° édition. 2 vol. in-8°.* **H 7**

Daffry de la Monnoye. Les lois de l'Expropriation pour cause d'utilité publique. — *Paris, Durand,* 1859. *1 vol. in-8°.* **H 7**

— Théorie et pratique de l'Expropriation pour cause d'utilité publique. 2° édition. — *Paris, Durand,* 1879. *2 vol. in-8°.* **H 7**

18. *Enseignement. Instruction publique. Université.*

Rendu (Antoine). Code universitaire, ou lois, statuts et règlements de l'université royale de France. — *Paris, Hachette,* 1835. *1 vol. in-8°.* **E 4**

19. *Justice militaire.*

De Chénier. Guide des Tribunaux militaires, ou législation criminelle de l'armée. — *Paris, Anselin,* 1838. *2 vol. in-8°.* **E 9**

Foucher (Victor). Commentaire sur le Code de justice militaire pour l'armée de terre, promulgué le 4 août 1857. — *Paris, Didot,* 1858. *1 vol. in-8°.* **E 9**

X. Code de justice militaire pour l'armée de terre, suivi du manuel du juge au Conseil de guerre. 8ᵉ édition. — *Paris, Dumaine,* 1881. *1 vol. in-12.* **E 9**

20. *Médecine légale.*

Orfila. Leçons de Médecine légale, par M. Orfila. 2ᵉ édition. — *Paris, Béchet jeune. 3 vol. in-8°.* **E 8**

Briand et Chaudé. Manuel complet de Médecine légale. 9ᵉ édition. — *Paris, Baillière, 1874. 1 vol. in-4°.* **E 8**

Tardieu (Ambroise). Étude médico-légale sur la folie. 2ᵉ édition. — 1880. *1 vol. in-8°.* **E 8**

— Étude médico-légale sur la pendaison, la strangulation et la suffocation. 2ᵉ édition. — 1879. *1 vol. in-8°.* **E 8**

— Étude médico-légale sur l'infanticide. 2ᵉ édition. — 1880. *1 vol. in-8°.* **E 8**

— Étude médico-légale sur les attentats aux mœurs. 7ᵉ édition. — *Paris, 1878. 1 vol. in-8°.* **E 8**

— Étude médico-légale sur l'avortement. 4ᵉ édition. — *Paris, Baillière et fils, 1881. 1 vol. in-8°.* **E 8**

Tardieu (Ambroise) **et Roussin.** Étude médico-légale et clinique sur l'empoisonnement. 2ᵉ édition. — *Paris, Baillière et fils, 1874. 1 vol. in-8°.* **E 8**

21. Mines.

Peyret-Lallier. Traité, sous forme de commentaire, sur la législation des Mines, minières, carrières, tourbières, usines, sociétés d'exploitation et chemins de transport ; par M. Peyret-Lallier, avocat. — *Paris et Lyon,* 1844. *2 vol. in-8°.*   **E 5**

Édouard Dalloz et Ant. Gouiffés. De la propriété des Mines et de son organisation légale en France et en Belgique. — *Paris, Lacroix, s. d.*   **E 5**

Étienne Dupont. Traité pratique de la jurisprudence des Mines, minières, forges et carrières. 2ᵉ édition. — *Paris,* 1862. *3 vol. in-8°.*   **E 5**

22. Notaires. Responsabilité.

X. Nouveau manuel des Notaires, ou traité théorique et pratique du Notariat. 2ᵉ édition, par J. P. P. et J. B. T. A. de M., avocat. — *Paris, Béchet aîné,* 1822. *1 vol. in-8°.*   **H 7**

Pagés. De la Responsabilité des Notaires, par A. Pagés, avocat à la Cour royale de Montpellier. — *Montpellier, Virenque*, 1843. *1 vol. in-8°.* **H 7**

Eloy. De la Responsabilité des Notaires, par H. Eloy, substitut à Louviers. — *Paris, Durand*, 1863. *2 vol. in-8°.* **H 7**

23. *Organisation judiciaire.*

Dupin. Lois concernant l'organisation judiciaire, extraite de la collection in-4° dite du Louvre et du Bulletin des Lois, par M. Dupin. — *Paris, Guillaume et Cie.*, 1819. *2 vol. in-8°.* **H 4**

Henrion de Pansey. De l'autorité judiciaire en France, par Henrion de Pansey. — *Paris*, 1818. *1 vol. in-4°.* **J 4**

Tarbé. Lois et règlements à l'usage de la Cour de cassation. — *Paris, Videcoq*, 1840. *1 vol. in-4°.* **E 4**

24. Presse. Librairie.

Chassan. Traité des délits et contraventions de l'Ecriture et de la Presse, par Chassan, avocat général à Colmar. — *Colmar,* 1837. 3 *vol. in-8°.* **E 9**

Grattier (de). Commentaires des Lois de la Presse et de tous les autres moyens de publicité, avec la jurisprudence jusqu'en 1845 ; par de Grattier, conseiller à Amiens. — *Paris,* 1845. *2 vol. in-8°.* **E 9**

Parant. Lois de la Presse en 1836, ou législation actuelle sur l'imprimerie et la librairie. — *Paris, Didot,* 1836. *1 vol. in-8°.* **E 9**

Albert Faivre et Benoît Lévy. Code manuel de la Presse. — *Paris, Cotillon,* 1881. *1 vol. in-12.* **E 9**

Lisbonne. Rapports sur la loi de la Presse. — *1 vol. in-4°.* **E 9**

Petit (Georges). Texte de la loi sur la Presse du 29 juillet 1881, commentée par la circulaire ministérielle relative à son application. — *Paris, Marchal, Billard et Cie,* 1882. *1 vol. in-12.* **E 9**

25. *Télégraphe.*

Serafini. Le Télégraphe dans ses relations avec la jurisprudence civile et commerciale. — *Paris, Durand,* 1863. 1 vol. in-8°. **E 5**

26. *Théâtres.*

Lacan et Paulmier. Traité de la législation et de la jurisprudence des Théâtres, par MM. Adolphe Lacan, docteur en droit, et Charles Paulmier, avocat à la Cour impériale de Paris. — *Paris, Durand,* 1853. 1 vol. in-8°. **E 5**

27. *Usages locaux. Département de l'Hérault. Montpellier.*

Usages Locaux. Recueil des usages locaux dans le département de l'Hérault. — *Montpellier, Gras,* 1859. *1 vol. in-8°.* **E 5**

Cros (Ulysse). Code municipal de Montpellier, ou recueil des règlements et arrêtés de la municipalité de cette ville. — *Montpellier, veuve Avignon,* 1836. *1 vol. in-8°.* **E 5**

28. *Valeurs mobilières.*

Buchère. Traité théorique et pratique des valeurs mobilières et effets publics. 2° édition. — *Paris, Marescq,* 1881. *1 vol. in-8°.* **E 6**

Moret et Desrues. Memento théorique et pratique du possesseur des titres au porteur. 3° édition. — *Paris, Marchal-Billard,* 1882. *1 vol. in-12.* **E 6**

TROISIÈME PARTIE

LÉGISLATION ÉTRANGÈRE

I. — Droit ancien. (Avant 1789.)

Petitus. Leges Atticæ Petitus collegit, digessit, et libro commentario illustravit. — *Parisiis, sumptibus Caroli Morelli,* 1635. *1 vol. in-fol.* **O 2**

Gronovius. Joannis Frederici Gronovii de Sestertiis, seu de pecunia Græca et Romana. — *Lugduni Batavorum,* 1691. **A 3**

Cancerius. Jacobi Cancerii variarum resolutionum Juris Cæsarii Pontifici et municipalis principatus Cathalauniæ. — *3 parties en 1 vol. in-fol. Lugduni,* 1670. **A 2**

Ramonius. Consiliorum una cum sententiis et decisionibus audientiæ regiæ Principatus Cathalauniæ. — *Barcinonæ,* 1628. *1 vol. in-4°.* **K 2**

Tristany. Sacri supremi regii Cathaloniæ senatus Decisiones. — *Barchinonæ,* 1686. *3 vol. in-4°.* **K 2**

Don Geronymo De Ustaritz. Théorie et pratique du commerce et de la marine, traduction libre sur l'espagnol de don Geronymo de Ustaritz, sur la seconde édition de ce livre à Madrid en 1742. — *Paris, veuve Estienne et fils,* 1753. *1 vol. in-4°.* **D 6**

Fontanella. De Pactis nuptialibus sive Capitulis matrimonialibus tractatus, sacro principatus Cathaloniæ senatui dicatus. — *Genevæ, sumptibus Samuel Chouet,* 1659. *2 vol. in-fol.* **A 2**

Matthæi de Afflictis Parthenopæi patricii et in utrius que Siciliæ Neapolis que sanctiones et constitutiones novissima prælectio. — *Lugduni, 1556. 1 vol. in-fol.* **A 1**

Decisiones sacri regis consilii Neapolitani ab excellentissimis viris j. c. clarissimis collectæ. — *Lugduni, sumptibus Philippi Tinghi florentini, 1581. 1 vol. in-fol.* **A 1**

Milanensi. Aureæ Decisiones Regiæ Curiæ regni Siciliæ, auctore Francisco Milanensi. — *Francofurti ad Menum, 1650. 1 vol. in-4°.* **K 2**

Straccha. De Mercatura decisiones et tractatus varii et de rebus ad eam pertinentibus. — *Lugduni, sumptibus Claudii Landry, 1621. 1 vol. in-fol.* **A 3**

Ch. de Tourtoulon. La procédure symbolique en Aragon. — *Montpellier, Gras, 1868. 1 vol. in-8°.* **O 6**

II. — Droit moderne.

Bibliothèque du Comité de législation étrangère (Catalogue de la). — *Juillet* 1879. *Imprimerie Nationale. 1 vol. in-4°.* **E 4**

Anthoine de St Joseph, Concordance entre les Codes civils étrangers et le Code Napoléon. 2° édition. — *Paris, Cotillon,* 1856. *3 vol. in-4°.* **E 5**

Blackstone. Commentaire sur les lois anglaises, par W. Blackstone, avec des notes par Ed. Christian; traduit de l'anglais par Chompré. — *Paris, Bossange,* 1823. *6 vol. in-8°.* **H 6**

Richard Philipps et Charles Comte. Des pouvoirs et des obligations des jurys, par Sir Richard Philipps, ex-shériff de Londres et de Middlesex; traduit par Charles Comte. 2me édition. — *Paris, Rapilly,* 1828. *1 vol. in-8°.* **H 6**

Laya. Droit anglais, ou résumé de la législation anglaise sous la forme de Codes ; par Alex. Laya. — *Paris,* 1845. *2 vol. in-8°.* **H 6**

Buchère. De la justice civile en Angleterre, par A. Buchère. — *Paris, Durand,* 1863. *1 vol. in-8°.* **H 6**

Salinas. Manuel des droits civils et commerciaux des Français en Espagne et des étrangers en général, comprenant toutes les lois, traités et règlements de police qui s'y rapportent ; recueillis et publiés par don José Salinas. — *Paris, Renouard,* 1829. *1 vol. in-8°.* **H 6**

Victor Foucher. Code de commerce et loi de procédure sur les affaires et causes de commerce du royaume d'Espagne ; traduit par Victor Foucher. — *Rennes et Paris,* 1838. *1 vol. in-8°.* **H 6**

De Clercq. Code général de l'empire d'Autriche ; traduit sur la dernière édition officielle. — *Paris, Imprimerie Royale,* 1836. *1 vol. in-8°.* **H 6**

Taillandier. Loi de la procédure civile du canton de Genève, par A. Taillandier. — *Rennes et Paris,* 1837. *1 vol. in-8°.* **H 6**

Gustave de Beaumont et Alex. de Tocqueville. Système pénitentiaire aux États-Unis et de son application en France. — 2ᵉ édition. — *Paris, Gosselin,* 1836. 2 vol. in-8°.   **E 6**

QUATRIÈME PARTIE

MATIÈRES DIVERSES

I. — Philologie.

Calepinus (Ambrosius). Ambrosii Calepini Dictionarium. Adjectæ sunt latinis dictionibus Hebreæ, Græcæ, Gallicæ, Italicæ, Germanicæ, Hispanicæ atque Anglicæ. Editio novissima. — *Lugduni,* 1681. *2 vol. in-fol.* **N 2**

Carolus du Fresne, Domin. du Cange. Glossarium ad scriptores mediæ et infimæ latinitatis, tres in tomos digestum. — *Lutetiæ Parisiorum, Lud. Billaine,* 1678. *3 vol. in-fol.* **A 2**

Lexicon Græco-latinum. — *Basileæ, in officina Joan Vualderi,* 1537. *1 vol. in-fol.* **O 8**

Vossius. Gerardi Joannis Vossii Etymologicon linguæ latinæ. — *Lugduni,* 1664. *1 vol. in-fol.* **A 1**

II. — Philosophie. Morale.

Aguesseau (d'). OEuvres. — *Paris*, 1797. *13 vol. in-4°*. **J 4**

Alambic (l') des lois, ou observations de l'ami des Français sur l'homme et sur les lois. — *A Hispaan, 1773. 7 vol. in-8°.* **O 0**

Aristote. Politique d'Aristote; traduite du grec, avec des notes et des éclaircissements, par Ch. Millon. — *Paris, Artaud,* 1803. *3 vol. in-8°.* **E 4**

St Augustin. Divi Aurelii Augustini Hipponensis episcopi De Civitate Dei, libri XXII. — *Basileæ*, 1542. *1 vol. in-fol.* **A 2**

Barbeyrac (Jean). Traité de la morale des Pères de l'Église. — *Amsterdam*, 1728. *1 vol in-4°.* **K 1**

Bédarride (J.). Études de Législation. — *Montpellier, Coulet,* 1868. *1 vol. in-4°.* **E 6**

Comte (Ch.). Traité de Législation, ou exposition des lois générales suivant lesquelles les peuples prospèrent, dépérissent ou restent stationnaires. — *Paris, Sautelet,* 1826. *4 vol. in-8°.* **D 4**

Covarrubianus. Francisci Vallesii Covarrubiani doct. medici de iis quæ scripta sunt physicæ in libris sacris, sive de Sacra Philosophia liber singularis. — *Lugduni*, 1595, *apud Francisc. Fabrum. 1 vol. in-12.* **A 2**

Hobbes (Thomas). OEuvres philosophiques et politiques. — *Neufchatel*, 1787. *2 vol. in-8°.* **E 4**

Montesquieu. De l'Esprit des Lois. — *Leyde,*1749. *2 tomes en 1 vol. in-4°.* **K 3**

— De l'Esprit des Lois. Nouvelle édition. — *Amsterdam*, 1788. *4 vol. in-12.* **O 6**

Observations sur l'Esprit des Lois, ou l'art de lire ce livre, de l'entendre et d'en juger. — *Amsterdam, Pierre Mortier,* 1751. *1 vol. in-12.* **O 6**

Pièces pour et contre l'Esprit des Lois, en trois parties. — *Genève*, 1752. *1 vol. in-12.* **O 6**

Pasquier (Estienne). OEuvres, contenant les recherches de la France, etc. — *Amsterdam, 1723. 2 vol. in-fol.* **B 4**

Poujol (Amédée). Méditations religieuses, philosophiques et sociales. — *Paris, Durand, 1866. 1 vol. in-8°.* **E 4**

Rousseau (J.-J.). Du Contrat social ou principe du droit politique. — *Amsterdam, 1762. 1 vol. in-12.* **N 4**

III. — Histoire. Géographie.

Assemblée nationale. Journal des Débats et des Décrets. — *6 vol. in-8°.* **D 1**

— Procès-verbal imprimé par son ordre. — *Paris, Beaudouin. 35 vol. in-8°.* **E 1**

Bouillet. Dictionnaire universel d'Histoire et Géographie, revu et continué, par Chassang. 27° édition. — *Paris, Hachette, 1880, 1 vol. in-4°.* **E 4**

X. Dictionnaire des villes et communes de France. — *Paris, Langlois et Leclercq, s. d. 1 vol. in-12.* **E 4**

Dubos. Histoire critique de l'établissement de la monarchie française dans les Gaules. — *Paris*, 1734. *3 vol. in-4°.* **K 3**

Fleury (l'abbé). Histoire ecclésiastique. — *Paris*, 1758. *36 vol. plus 4 vol. de tables.* **O 1**

Gauthier (Jacques). Table chronographique de l'estat du Christianisme depuis la naissance de J. C. jusqu'en 1620, par J. Gauthier, de la C° de Jésus. — *Lyon, Pierre Rigaud*, 1621. *1 vol. in-fol.* **B 2**

Giraud (Charles). Le Traité d'Utrecht. — *Paris, Plon frères*, 1847. *1 vol. in-8°.* **E 4**

Mac Carthy (J.). Dictionnaire universel de Géographie physique, politique, historique et commerciale. 2° édition. — *Paris, Garnier frères*, 1841. *2 vol. in-8°.* **E 4**

Mirabeau. Discours et opinions de Mirabeau. — *Paris*, 1820. *3 vol. in-8°.* **E 2**

Pastoret (de). Histoire de la Législation. — *Paris, Imprimerie Royale*, 1817. *7 vol. in-8°.* **D 4**

Platinæus. Excellentissimi historici Platinæi Vitas Summorum Pontificum ad Sixtum IV pontificem præclarum opus feliciter explicit. —1485. *1 vol. petit in-fol.* **A 2**

Révolution Française (Mémoires anecdotiques pour servir à l'histoire de la). — *Paris, Baudouin.* **D 1**

    Lombard de Langres. *2 vol.*
    Thibaudeau. *2 vol.*
    Vendéens et Chouans. *6 vol.*
    Les Prisons. *2 vol.*
    Robespierre, S'-Just, Payan. *2 vol.*
    Débats de la Convention. *5 vol.*
    Marquis d'Argenson. *1 vol.*
    Marquis de Bouillé. *1 vol.*
    Carnot. *1 vol.*
    Ferin. *1 vol.*
    Journées de septembre. *1 vol.*
    Bonchamps et la Roche Jacquelein. *1 vol.*
    Sénart. *1 vol.*
    Meilhan. *1 vol.*

Affaire de Varennes. *1 vol.*
Barbaroux. *1 vol.*
Départ de Louis XVI. *1 vol.*
Journal de Cléry. *1 vol.*
Duc de Montpensier. *1 vol.*
Madame du Hausset. *1 vol.*
Sur la Vendée. *1 vol.*
Durand de Maillane. *1 vol.*

Révolution Française (Mémoires sur la) — *Paris, Baudouin.* **E 2**
Bailly. *3 vol.*
Marquis de Ferrières. *3 vol.*
Mme Roland. *2 vol.*
Webert. *2 vol.*
Guillou de Montléon. *3 vol.*
Baron de Besenval. *2 vol.*

Richelieu (duc de). Histoire du ministère d'Armand Jean du Plessis, cardinal duc de Richelieu. — *Paris,* 1650. *2 vol. in-18.* **N 4**

— Mémoire politique d'Armand du Plessis, cardinal duc de Richelieu. — *Amsterdam Henry Desbordes,* 1689. *1 vol. in-18.* **N 4**

Sarpi (Paolo). Histoire du Concile de Trente ; traduite par de la Mothe Josseval. — *Amsterdam, Blaeu,* 1683. *1 vol. in-4°.* **K 1**

Sully. Mémoires de Maximilien de Béthune duc de Sully, principal ministre de Henry le Grand — *A Londres,* 1747. *3 vol. in-4°.* **K 2**

Thou (de). Histoire universelle de Jacques Auguste de Thou, 1543-1607. Traduite sur l'édition latine de Londres, 16 vol. in-4°. — *Londres,* 1734. **J 1**

Valésius. Historia ecclesiastica ab Henrico Valesio in linguam latinam conversa. — *Parisiis,* 1677. *1 vol. in-fol.* **A 2**

Velly et Garnier. Histoire de France depuis l'établissement de la monarchie jusqu'au règne de Louis XIV. — *Paris,* 1755-1786. *30 vol. in-12.* **N 4**

IV. — Histoire locale. — Département de l'Hérault, Montpellier.

Abric. Plans du Palais de Justice de Montpellier, avec notice historique.— *1 vol. in-folio.* **E 10**

Aigrefeuille (Ch. d'). Histoire de la ville de Montpellier, depuis son origine jusqu'à notre temps, avec un abrégé historique de tout ce qui précéda son établissement. — *Montpellier, J. Martel*, 1737. *1 vol. in-fol.* **B 3**

Histoire de la ville de Montpellier. Seconde partie, comprenant l'origine de son Eglise, la suite de ses évêques. — *Montpellier, Rigaud*, 1739. *1 vol. in-fol.*

Basville (de). Mémoires pour servir à l'histoire du Languedoc. — *Amsterdam, Boyer*, 1734. *1 vol. in-12.* **B 3**

Bibliothèque (notice sur la) de la ville de Montpellier (musée Fabre), par Saturnin Léotard, sous-bibliothécaire. — *Montpellier*, 1867. *In-8°.* **E 4**

Bibliothèque (Catalogue de la) de la ville de Montpellier, dite du musée Fabre; par Gaudin. — *Montpellier, Grollier*, 1875-1880. 5 v. in-8° parus. *(Ouvrage en cours de publication.)* **E 4**

Bibliothèque (Catalogue de la) de la Cour d'Appel. — *Montpellier, Martel aîné*, 1873. 1 vol. in-8°. **E 4**

Bonnet (Isidore). Compte rendu du Concours régional et des Expositions de Montpellier en 1860. — *Montpellier, Gras*, 1861. 1 vol. in-4°. **E 5**

Garonne. Histoire de la ville de Montpellier sous la domination de ses premiers seigneurs, sous celles des rois d'Aragon et des rois de Mayorque. — *Paris, Pichard et Pélicier*, 1828. 1 vol. in-8°. **E 5**

Maffre. Etablissements agricoles du Midi sous la domination romaine. — *Béziers*, 1872. 1 vol. in-8°. **O 6**

Serres (Pierre). Histoire de la Cour des Comptes, Aydes et Finances de Montpellier, publiée sur le manuscrit original, accompagnée de notes et ornée de portraits d'après les gravures du temps. — *Montpellier*, 1878. 1 vol. gr. in-8°. **E 5**

Mémoires manuscrits sur la Cour des Aydes. — 1 vol. in-fol. **B 5**

Tourtoulon (Ch. de). Etudes sur la maison de Barcelone, Jaume Ier le Conquérant, roi d'Aragon, comte de Barcelone, seigneur de Montpellier. — *Montpellier, Gras*, 1863. 2 vol. in-8°. **E 4**

Ville de Montpellier (Indicateur des rues et places de la) et des trois cantons ou sections de Justice-de-Paix, suivi de la division de la commune en trois arrondissements de police et en trois arrondissements de perception. — *Montpellier, Dumas*, 1853. 1 vol. in-8°. **E 5**

V. — Varia.

Ausone. Ausonii Burdigalensis Opera omnia. — *Burdigalæ*, 1588.   **O 7**

Bédarride (J.). Les Juifs en France, en Italie et en Espagne. 2ᵉ édition. — *Paris, Michel Lévy*, 1861. *1 vol. in-8°*.   **E 4**

Batbie (A.). Révision du Code Napoléon. Mémoire lu à l'Académie des Sciences morales et politiques les 23 et 30 décembre 1865. — *Paris, Cotillon*, 1866. *1 vol. in-8°*.   **O 6**

Berryer. Discours prononcé au Corps législatif le 14 février 1868, par Berryer, sur la composition des Tribunaux correctionnels à propos de la loi sur la Presse. — *Tours*, 1868. *1 vol. in-12*.   **O 6**

Bonjean (Président). Révision et Conservation du Cadastre. — *Paris, Durand*, 1874. *2 vol. in-8°*.   **E 5**

Calmètes (premier président). Etude historique sur l'administration de la Justice en Corse, depuis les temps anciens jusqu'à nos jours. — *Bastia*, 1858. *1 vol. in-8°*.   **O 6**

Cassation (Cour de). Discours prononcé par M. de Raynal, avocat général, à l'audience de rentrée du 3 novembre 1858. Les *olim* du Parlement de Paris.   **O 6**

— Discours prononcé par M. de Marnas à l'audience de rentrée du 3 novembre 1859. Le comte Portalis, sa vie et ses travaux. — *Paris*, 1859. *In-8°*.   **O 6**

Causes célèbres. Histoire complète du procès relatif à l'assassinat du sieur Fualdès, avec des notices biographiques sur chacun des personnages qui ont figuré dans cette cause célèbre; ornée de portraits. — *Paris, Eymery et Delaunay*, 1817. *3 vol. in-8°*.   **E 1**

Dupin (Procureur général). S'il est permis de diffamer les morts, et si dans ce cas les héritiers ont l'action en diffamation ? — *Broch. in-8°*.   **O 6**

Fay (E.). La Justice-de-Paix en Italie et en France. Essai de législation comparée. — *Chambéry*, 1873. *In-8°*.   **O 6**

Fenet. Réforme efficace de la Magistrature proposée par un juge républicain. — *Paris, Cotillon*, 1880. *1 vol. in-12*.   **O 6**

Floret (Louis). De la Magistrature française. Quelques mots sur les réformes à insérer dans la loi nouvelle. — *Marseille*, août 1871. Broch. *in-8°*. **O 6**

Garbouleau (Paul). Des Finances et de l'équilibre des Budgets. — *Paris*, 1868. **O 6**

— Le Parti Conservateur et la situation actuelle. — *Montpellier*, 1871. Broch. *in-8°*.

— La Fin des Révolutions. — *Paris*, 1871. Broch. *in-8°*.

Giraud (Charles). Notice sur la vie de Fabrot, doyen des professeurs en droit de l'Université d'Aix. — *Aix, Aubin*, 1833. *1 vol. in-8°*. **E 4**

Grasset (le Président). J.-J. Rousseau à Montpellier, lettre inédite de J.-J. Rousseau. — *Montpellier, Boehm*, 1854. *1 vol. in-8°*. **E 5**

Jeanvrot (Victor). De l'application des décrets du 29 mars 1880 sur les Congrégations religieuses, avec un appendice contenant l'examen critique de la consultation de M. Rousse. — *Paris, Cotillon*, 1880. *1 vol. in-12*. **H 7**

Loubers (Henry). Etude sur le Dialogue des Avocats d'Antoine Loysel. — *Paris*, 1864. **O 6**

— De la création d'une chaire d'Eloquence judiciaire dans les facultés de droit. — *Toulouse*, 1876. **O 6**

— Des Dommages-intérêts résultant de l'inexécution des obligations conventionnelles qui n'ont point pour objet une somme d'argent. — 1864. *In-8°*. **O 6**

— J. Domat, philosophe et magistrat. — *Paris, Thorin*, *1 vol. in-8°*. **E 4**

Mahul. Cartulaire et Archives des communes de l'ancien diocèse et de l'arrondissement administratif de Carcassonne. — *Paris, Didron et Dumoulin*, 1857. *5 vol. in-4°*. **E 5**

Ortolan. Notice biographique sur M. Dupin. — *Paris, Joubert*, 1840. *1 vol. in-8°*. **E 4**

Bastide (Le Chevalier de la). Le Tribunal de l'Amour, ou les causes célèbres de Cythère ; par le chevalier de la B**. — *Cythère*, 1749. *2 part. en 1 vol. in-12*. **N 3**

Discours prononcés aux audiences de rentrée de la Cour d'appel de Montpellier. 1854 à 1881.

Procès-verbaux d'installation des Premiers Présidents et Procureurs Généraux près la Cour d'appel de Montpellier, depuis 1855 à 1881.

CATALOGUE

PAR ORDRE ALPHABÉTIQUE

A

Abbé (l') Titulaire, ou le juste pouvoir des Abbez titulaires et réguliers. — 1678. 1 vol. in-8°. **N 4**

Abric. Plan, coupe et vue du Palais de Justice de Montpellier. Cinq planches. — *Montpellier, Bœhm*, 1846. *In-fol.* **E 10**

Accursius. Codex Justiniani — *Parisiis*, 1576. 1 vol. in-fol. **A 6**

De Afflictis. Matthæi de Afflictis Parthenopæi patricii... in utrusque Siciliæ Neapolisque Sanctiones et Constitutiones. Novissima prælectio. — *Lugduni*, 1556. 1 vol. in-fol. **A 1**

Affre. Traité de l'administration temporelle des Paroisses, par M. l'abbé Affre, chanoine, vicaire général de Paris. — *Paris, Adrien Leclercq et Comp.*, 1839. 1 vol. in-8°. **H 6**

Aguesseau (d'). OEuvres de d'Aguesseau. — *Paris*, 1787. 13 vol. in-4°. **I 4**

— Questions concernant les Substitutions, avec les réponses de tous les Parlements et Cours Souveraines du royaume et des observations de M. le Chancelier d'Aguesseau. — *Toulouse*, 1770. 1 vol. in-4°. **K 3**

— Recueil de questions de Jurisprudence proposées par M. d'Aguesseau, chancelier de France, à tous les Parlements du royaume. — *S. L., de l'imprimerie de Jean Girard*, 1749. 1 vol. in-4°. **O 7**

Aguier. Recueil d'arrêts notables, ou supplément au Journal du Palais de Toulouse. — *Nismes*, 1782. 2 vol. in-4°. **B 3**

Aigrefeuille (d'). Histoire de la ville de Montpellier, depuis son origine jusqu'à notre temps, avec un abrégé historique de tout ce qui précède son établissement. — *Montpellier, Jean Martel*, 1737. 1 vol. in-fol. **B 3**

— Histoire de la ville de Montpellier ; seconde partie, contenant l'origine de son Église, la suite de ses Évêques. — *Montpellier, Rigaud*, 1739. 1 vol. in-fol. **B 3**

Aimard. Explication de l'ordonnance du mois d'août 1735, concernant les Testaments. — *Avignon,* 1740. *1 vol. in-4°.* **O 5**

— Ordonnances concernant les Testaments. — *1 vol. manuscrit.* **O 5**

Alambic (L') des lois, ou observations de l'ami des Français sur l'homme et sur les lois. — *A Hispaan,* 1773. **O 6**

Alauzet (J.). Des Assurances maritimes, terrestres, mutuelles et sur la vie. — *Paris, Cosse et Delamothe,* 1843. *2 vol. in-8°.* **D 9**

— De la qualité de Français, de la naturalisation et du statut personnel des étrangers. 2me édition. — *Paris, Marchal et Billard,* 1880. *1 vol. in-8°.* **I 9**

Albert. Arrêts de la Cour du Parlement de Toulouse, recueillis par feu M. Jean Albert. — *Toulouse, Hénault,* 1731. *1 vol. in-4°.* **B 3**

Albisson. Lois municipales et économiques du Languedoc. — *Montpellier, Rigaud et Pons,* 1780-1787. *7 vol. in-4°.* **B 3**

Alciat. Subtilissimi Andreæ Alciati Mediolanensis lectura in tit. de verborum Obligationibus. — *Lugduni,* 1546. *1 vol. petit in-12.* **A 2**

Alexander. Alexandri ab Alexandro Neapolitani Genialium dierum libri sex. — *Parisiis, apud Thomam Belot,* 1575. *1 vol. in-12.* **A 2**

Alexandrinus. Julii Clari Alexandrini j. c. opera omnia, sive practica civilis atque criminalis. — *Lugduni,* 1672. *1 vol. in-fol.* **A 3**

Allemand. Traité du Mariage et de ses effets, par Me Allemand, ancien bâtonnier à Riom. — *Paris, Thorel; Riom, Leboyer,* 1846. *2 vol. in-8°* **I 4**

Anthoine de St-Joseph. Concordances entre les Codes Civils, étrangers et le Code Napoléon. 2me édition. — *Paris, Cotillon,* 1856. *3 vol. in-4°.* **E 5**

Argentré (D'). Commentarii in patrias Britonum leges, sive consuetudines generales antiquis. ducatus Britanniæ. — *Bruxellis, apud Balthazarum Vivien,* 1664. *1 vol. in-fol.* **B 1**

Armet, Decrusy et Isambert. Recueil général des anciennes lois françaises, depuis l'an 420 jusqu'à la révolution de 1789. — *Paris, Belin le Prieur.* 29 *vol. in-8°.* **M 9**

Arrêts. Recueil d'arrêts. — *1 vol. in-4°.* **O 7**

— Remarques du Droit François, confirmées par Loix, Ordonnances royaux, arrests des Cours souveraines.... — *Lyon, Claude Larjot,* 1622. *1 vol. in-12.* **N 3**

— Le même ouvrage. — *Lyon, Rigaud,* 1644. **N 3**

— Recueil des principales décisions sur les Dixmes, les portions congrues, les droits et charges des Curés primitifs. — *Paris,* 1741. 2 *vol. in-12.* **N 4**

Arrêts. Arrêts et décisions qui établissent l'ancien droit et possession non interrompue de souveraineté de Sa Majesté sur le fleuve du Rhône. — *Paris, Vincent.* 1765. 6 *vol. in-4°.* **B 3**

Arnoult, Assemblée nationale. Collection des Décrets de l'Assemblée nationale constituante. — *Dijon,* 1792. 6 *vol. in-4°.* **P 1**

Assemblée nationale. Journal des Débats et des Décrets. — 6 *vol. in-4°.* **D 1**

Assemblée nationale. Procès-verbal de l'Assemblée nationale, imprimé par son ordre. — *Paris, Baudouin,* 35 *vol. in-8°.* **E 1**

Astruc. Traité du Mariage, de la Puissance paternelle, des usucapions et des prescriptions, suivant l'usage du Droit Romain et du Droit Français. — *Toulouse,* 1758. *1 vol. petit in-8°.* **N 3**

— Traité des peines des secondes Noces. — *Galembrum,* 1752. *1 vol. in-18.* **N 4**

— Traité des Tutelles et Curatelles, de la division des choses et des moyens par lesquels on en acquiert la propriété. — *Toulouse, Forest,* 1758. *1 vol. in-12.* **N 3**

— Traité des Servitudes, des héritages ruraux et urbains. — *Paris,* 1775. *1 vol. in-12.* **N 3**

Aubry et Rau. Cours de Droit civil Français d'après la méthode de Zachariæ. 4me édition. — *Paris, Marchal, Billard et Comp.,* 1869. 8 *vol. in-8°.* **I 8**

Aucoc (L.). Conférences sur l'Administration et le droit administratif, faites à l'école des Ponts et Chaussées. 2me édition. — *Paris, Dunod,* 1878. *3 vol. in-8°.* **H 4**

Audier (I.). Code des Distributions et des Ordres. — *Paris, Durand,* 1865. 1 vol. in-8°. **H 7**

Augeard (M.). Arrests notables des différents Tribunaux du royaume. — *Paris,* 1756. 2 vol. in-fol. **B 6**

Augustin(S^t). Divi Aurelii Augustini Hipponensis episcopi De civitate Dei, libri XXII. — *Basileæ,* 1542. 1 vol. in-fol. **A 2**

Ausone. Ausonii Burdigalensis opera omnia. — *Burdigalæ,* 1588. **O 7**

Ayrault. Opuscules et divers Traités de Maistre Pierre Ayrault, lieutenant criminel au siége présidial d'Angers. — *Paris,* 1598. 1 vol. in-18. **N 3**

Aydes (Cour des). Mémoires manuscrits sur la Cour des Aydes. — 1 vol. in-folio. **B 5**

B

Bacquet (J). OEuvres de Mᵉ Jean Bacquet, avocat du roy en la Chambre du trésor, augmentées par Cl. et J. de Ferrière. — *Lyon, Duplain,* 1734. 2 vol. in-4°. **O 2**

Baluzius (Stephanus). Capitularia regum Francorum. — *Paris, Guillou,* 1780. 2 vol. in-fol. **B 4**

Barafort. Traité théorique et pratique de la séparation des patrimoines. 2ᵐᵉ édition. — *Paris, Durand et Pedone Lauriel,* 1867. 1 vol. in-8°. **I 6**

Barbeyrac (J). Traité de la morale des Pères de l'Église. — *Amsterdam,* 1728. 1 vol. in-4°. **K 1**

Bardet (P.). Recueil d'arrêts du Parlement de Paris, pris des mémoires de feu M. Pierre Bardet, avec notes et dissertations de Claude Berroyer. — *Paris, Aug. Bessigon,* 1690. 2 vol. in-fol. **O 2**

Barreau de Paris. Fête donnée à Berryer, le 26 déc. 1861. — *In-8°.* **H 7**

— Discours de Dufaure à l'ouverture de la Conférence des avocats, le 19 déc. 1863. — *In-8°.* **H 7**

— Fête donnée à Marie, le 27 déc. 1863. — *In-8°.* **H 7**

— Discours de Nicolet à l'ouverture de la Conférence des avocats, le 23 nov. 1878. — *In-8°.* **H 7**

Barreau de Montpellier. Discours de Bédarride à l'ouverture de la Conférence des avocats. — *Montpellier,* 1864. **H 7**

— Observations du Barreau de Montpellier sur les règlements de l'ordre des avocats, adressées à S. G. M. le Garde des Sceaux, ministre de la Justice. — *Montpellier, Aug. Ricard, S. D.* (1829). *Broch. in-8°.* **H 7**

— Discours de Bédarride à l'ouverture de la Conférence des avocats. — *Montpellier,* 1869. **H 7**

— Discours de M° Lisbonne à l'ouverture de la Conférence des avocats. — *Montpellier*, 1870. **H 7**

— Étude nécrologique sur Israël Bédarride, par Eugène Lisbonne. — *Montpellier*, 1870. **H 7**

Barreaux de France. Consultation sur les Décrets du 29 mars 1880. **H 7**

De Barry (F.). Francisci de Barry, nobilis Delphinatis, de Successionibus testati ac intestati opus digestum in duos tomos. — *Lugduni, sumptibus J.-A. Hugueteau et G. Barbier*, 1671. *2 tomes en 1 vol. in-fol.* **A 4**

Bartole. Bartoli commentaria in Digestum et Codicem. — *Lugduni*, 1552. *5 vol. in-fol.* **A 5**

Basset (J.). Plaidoyers de M° J.-G. Basset, advocat consistorial au Parlement de Grenoble. — *Grenoble J. Petit*, 1668. *2 parties en 1 vol. in-fol.* **N 2**

Bastide (De la). Le Tribunal de l'amour, ou les causes célèbres de Cythère, par le chevalier de la B**. — *Cythère*, 1749. *2 part. en 1 vol. in-12.* **N 3**

Basville (De). Mémoires pour servir à l'histoire du Languedoc. — *Amsterdam, Boyer*, 1734. *1 vol. in-12.* **B 3**

Batbie (A). Révision du Code Napoléon. Mémoire lu à l'Académie des sciences morales et politiques les 23 et 30 déc. 1865. — *Paris, Cotillon*, 1866. *in-8°.* **O 6**

— Traité théorique et pratique du Droit public et administratif. — *Paris, Cotillon*, 1868. *7 vol. in-8°.* **H 5**

Bavelier. Dictionnaire de Droit électoral. — *Paris, Paul Dupont*, 1877. *1 vol. in-8°.* **H 5**

Bavoux. Leçons préliminaires sur le Code Pénal, ou examen de la législation criminelle. — *Bavoux*, 1821. *1 vol. in-8°.* **E 6**

Bavoux et Loiseau. Jurisprudence des Cours de cassation et d'appel sur la Procédure civile et commerciale. — *Paris*, 1809. *3 vol. in-8°.* **3**

Bazille. Mémorial universel de Législation et de Jurisprudence. — *Nimes, Gaude*, 1813. *18 vol. in-8°.* **D 2**

Beaume et Jay. Traité de la vaine Pâture et du Parcours. — *Paris, Durand*, 1863. *1 vol. in-8°.* **D 6**

Beaumont (De) **et Tocqueville** (De). — Du système pénitentiaire aux États-Unis et de son application en France. 2me édition. — *Paris, Gosselin*, 1836. *2 vol. in-8°.* **E 6**

Beautemps-Beauprè. De la portion de biens disponible et de la réduction. — *Paris, Durand*, 1856. *2 vol. in-8°.* **I 9**

Beaussant (A.). Code maritime, ou Lois de la marine marchande. — *Paris, Legraud*, 1840. *2 vol. in-8°.* **D 9**

Bédarride (I.). Étude de législation pénale. De la peine de mort. De la révision des condamnations criminelles. — *Montpellier*, 1865. *1 vol. in-8°.* **E 6**

— Études de législation. De la peine de mort. De la révision des condamnations criminelles. De la contrainte par corps. 2me édition. — *Montpellier, Coulet, et Paris, Marescq*, 1867. *1 vol. in-8°.* **E 6**

— Les Juifs en France, en Italie et en Espagne. 2me édition. — *Paris, Michel Lévy*, 1861. *1 vol. in-8°.* **E 4**

— Études de législation. — *Montpellier, Coulet, et Paris, Marescq*, 1868. *1 vol. in-4°.* **E 6**

Bédarride. — Traité du Dol et de la Fraude en matière civile et commerciale. — *Paris, Marchal-Billard et Comp.*, 1875. *4 vol. in-8°.* **D 7**

— Droit commercial. Commentaire du Code de Commerce. Des Commerçants. Des livres de Commerce. 2me édition. — *Paris, Durand et Pedone Lauriel*, 1876. *1 vol. in-8°.* **D 7**

— Droit commercial. Commentaire du Code de Commerce. Des Sociétés. — *Paris, Durand*, 1856. *2 vol. in-8°.* **D 7**

— Commentaire des Lois des 17, 23 juillet 1856, sur l'Arbitrage forcé et les Sociétés en commandite par actions. — *Paris, Durand*, 1857. *1 vol. in-8°.* **D 7**

— Commentaire de la Loi du 24 juillet 1867, sur les Sociétés en commandite par actions, anonymes et coopératives. — *Paris, Arthur Rousseau*, 1880. *2 vol. in-8°.* **D 7**

— Droit commercial. Commentaire du Code de Commerce. Des

Bourses de commerce, agents de change et courtiers. — *Paris, Durand*, 1862. *1 vol. in-8°*. **D 7**

— Droit commercial. Commentaire du Code de Commerce. Livre Ier, titre IV. Des commissionnaires. 2me édition. — *Paris, Marchal-Billard et Comp.*, 1882. *1 vol. in-8°*. **D 7**

— Droit commercial. Des Chemins de fer, au point de vue du transport des voyageurs et des marchandises.—*Paris, Marchal et Billard*, 1876. *2 vol. in-8°*. **D 7**

— Droit commercial. Commentaire du Code de Commerce. Des Achats et des Ventes. — *Paris, Durand*, 1862. *1 vol. in-4°*. **D 7**

— Droit commercial. Commentaire du Code de Commerce. De la Lettre de change. Des Billets à ordre et de la Prescription. — *Paris, Durand*, 1861. *2 vol. in-8°*. **D 7**

— Commentaire de la loi du 14 juin 1865, sur les Chèques. — *Paris, Arthur Rousseau*, 1879. *1 vol. in-8°*. **D 7**

— Droit commercial. Commentaire du Code de Commerce. Du Commerce maritime. — *Paris, Durand*, 1859. *5 vol. in-8°*. **D 7**

— Traité des Faillites et Banqueroutes, ou commentaire de la loi du 28 mai 1838. — *Paris, Cosse, Marchal et Billard*, 1874. *3 vol. in-8°*. **D 7**

— Droit commercial. Commentaire du Code de Commerce. De la juridiction commerciale. — *Paris, Durand*, 1864. *1 vol. in-8°*. **D 7**

— Droit commercial. Commentaire de la loi sur les Brevets d'invention. Sur les noms des fabricants et les lieux de fabrication, sur les marques de fabrique et de commerce. — *Paris, Cosse, Marchal et Comp.*, 1869. *3 vol. in-8°*. **D 7**

Belleyme (De). Ordonnances du Président du Tribunal de 1re instance de la Seine. — *Paris, Guyot et Scribe*, 1837. *1 vol. in-8°*. **H 7**

— Ordonnances sur requête et sur référé, selon la jurisprudence du Tribunal de 1re instance de la Seine. 3me édition. — *Paris, Cosse*, 1855. *2 vol. in-8°*. **H 7**

Benech. Des Justices de Paix et des Tribunaux civils de 1re instance, d'après les lois des 11 avril et 25 mai 1838. — *Paris, Videcoq*, 1838. *1 vol. in-8°*. **H 9**

Benedictus. G. Benedicti j. c. clarissimi repetitio in cap. Raynutius, extra de Testamentis. — *Lugduni, apud Barthol. Vincentium,* 1582. *1 vol. in-fol.* **A 3**

Benoît. Traité de la Dot. — *Grenoble, Prudhomme, et Paris, Ch. Béchet,* 1829. *2 vol. in-8°.* **I 5**

— Traité des Biens paraphernaux. — *Grenoble, Prudhomme,* 1834. *1 vol. in-8°.* **I 5**

Benoît Lévy et Faivre. Code Manuel de la Presse. — *Paris, Cotillon,* 1881. *1 vol. in-8°.* **E 9**

Béraud (A.). Divers traités de Droit, contenant plusieurs nouvelles questions très-curieuses et utiles. — *Grenoble, Dumont,* 1576. *1 vol. in-8°.* **O 7**

Berengarius. Berengarii Fernandi universa opera. — *Tolosæ, apud viduam Amaldi Tenne,* 1728. *1 vol. in-fol.* **A 1**

Bernardi. Principes des lois criminelles, suivis d'observations impartiales sur le Droit Romain. — *Paris, Servière,* 1788. *1 vol. in-8°.* **O 6**

Berryat S^{t}**-Prix.** Cours de Procédure civile fait à la Faculté de droit de Paris. 4me édition. — *Paris, Nève,* 1821. *12 vol. in-8°.* **H 8**

Berryer. Discours prononcé au Corps législatif le 14 février 1868, sur la composition des Tribunaux correctionnels. — *Tours,* 1868. *1 vol. in-12.* **O 6**

Berthelot du Ferrier. Traité de la connaissance des droits et des domaines du Roy, et de ceux des Seigneurs particuliers qui relèvent médiatement et immédiatement de Sa Majesté. — *Paris,* 1725. *1 vol. in-4°.* **K 3**

Berthelot. Traité des évictions et de la garantie formelle. — *Paris,* 1781. *2 vol. in-12.* **O 5**

Berthon (G.), Seigneur de Fromental. Décisions du Droit civil canonique et françois, par ordre alphabétique. — *Lyon, Duplain,* 1740. *1 vol. in-fol.* **B 1**

Bibliothèque (Catalogue). Bibliothèque de la Cour. — *1 vol. in-fol. Montpellier,* 1873. **E 4**

— Du Comité de législation étrangère (Catalogue de la Bibliothèque). — *Paris, Imprimerie Nationale,* 1879. **E 4**

— De la ville de Montpellier (Catalogue de la Bibliothèque). En cours de publication. 5 vol. parus. — *Montpellier, Grollier et fils*, 1875. 1880. **E 4**

— Notice sur la Bibliothèque de la ville de Montpellier. **E 4**

Bilhard. Traité des Référés en France. — *Toulouse, Dagalier, Paris*, 1834. 1 vol. in-8°. **H 9**

— Traité du bénéfice d'Inventaire et de l'acceptation des Successions. — *Paris*, 1838. 1 vol. in-8°. **I 6**

Bioche. Dictionnaire de Procédure civile et commerciale. 3me édition. — *Paris, Videcoq*, 1845. 6 vol. in-8°. **H 9**

Blackstone (W.). Commentaire sur les lois anglaises. — *Paris, Bossange*, 1823. 6 vol. in-8°. **H 6**

Blanc (E.). De la Contrefaçon en tous genres et de sa poursuite en justice. 4me édit. — *Paris, A. Plon et Cosse*, 1855. 1 vol. in-8°. **H 6**

Blanche (A.). Études pratiques sur le Code pénal. — *Paris, Cosse et Marchal*, 1861-1872. 7 vol. in-8°. **E 8**

Blondeau. Thémis, ou bibliothèque du jurisconsulte, publiée par MM. Blondeau, Pelat, etc., etc. — *Paris*, 1829. 10 vol. in-8°. **D 2**

Blondeau et Ch. Guéret. Journal du Palais. — *Paris*, 1737. 2 vol. in-fol. **B 6**

Boerius. Boerii Decisiones Burdigalenses summa diligentia et eruditione collectæ et explicatæ. — *Coloniæ Allobrogum*, 1614. 1 vol. in-fol. **A 3**

Boileux (J.-M.). Commentaire sur le Code Napoléon. 6me édition. — *Paris, Marescq*, 1866. 7 vol. in-8°. **I 5**

Boncenne et Bourbeau. Théorie de la procédure civile. — *Paris, Videcoq*, 1837 à 1847. 6 vol. in-8°. (*Manque le tome 4.*) **H 8**

Bone (J.). Plaidoyers de Me Jean Bone. 2me édition. — *Paris, Henri le Gras*, 1667. 1 vol. in-4°. **O 7**

Bonel (Ch.). Institution au droit ecclésiastique de France, divisée en trois parties, revue avec soin par M. de Massac. — *Paris*, 1681. 1 vol. in-12. **N 4**

Bonfils (H.). De la Compétence des Tribunaux français à l'égard des étrangers en matière civile, commerciale et criminelle. — *Paris, Durand*, 1865. *1 vol. in-8°*. **H 7**

Boniface (H.). Arrêts notables de la Cour du Parlement de Provence, Cour des Comptes, Aydes et Finances du même pays. — *Lyon, chez la veuve d'Horace Molin*, 1708. *5 vol. in-fol.* **B 5**

Bonjean. Révision et conservation du Cadastre. — *Paris, Durand et Pédone Lauriel*, 1874. *2 vol. in-8°.* **E 5**

Bonnet. Théorie et pratique des partages d'ascendants. — *Paris*, 1874. *2 vol. in-8°.* **I 9**

Bonnet (Isid.). Compte rendu du Concours régional et des expositions de Montpellier en 1860. — *Montpellier, Gras*, 1861. *1 vol. in-4°.* **E 5**

Bonnier (Ed.). Traité théorique et pratique des Preuves en droit civil et en droit criminel. 3me édition. — *Paris, Durand*, 1862. *2 vol. in-8°.* **E 9**

Borjon. Des Offices de judicature en général. — *Toulouse*, 1702. *1 vol. petit in-8°.* **N 3**

— Le même ouvrage. — *Paris, Estienne Michallet*, 1682. *1 vol. in-18.* **N 3**

Bornier (P.). Conférences des ordonnances de Louis XIV avec les anciennes ordonnances du royaume, le droit écrit et les arrêts. — *Paris*, 1755. *2 vol. in-4°.* **K 1**

Boucher d'Argis. Traité des gains nuptiaux et de survie qui sont en usage dans les pays de droit écrit. — *Lyon*, 1738. *1 vol. in-4°.* **K 1**

Boucheul. Traité des conventions de succéder, ou successions contractuelles. — *Poitiers*, 1727. *1 vol. in-4°.* **O 5**

Bouguier (J.). Arrests de la Cour, décisifs de diverses questions tant de droit que de coutumes. — *Paris, Ed. Pépingué*, 1667. *1 vol. in-4°.* **K 2**

Bouillet. Dictionnaire universel d'Histoire et de Géographie. 27me édition, 1880. — *Paris, Hachette*, *1 vol. in-4°.* **E 4**

Boulay-Paty. Cours de Droit commercial maritime, d'après les principes et suivant l'ordre du Code de commerce. — *Rennes, Cousin Danelle*, 1821. *4 vol. in-8°.* **D 9**

— Des Faillites et Banqueroutes. — *Paris, Béchet*, 1825. *1 vol. in-8°.* **D 6**

Boullenois (L.). Questions sur les démissions de biens. — *Paris*, 1727. *1 vol. in-8°.* **O 5**

— Traité de la Personnalité et de la réalité des lois, coutumes ou statuts. — *Paris*, 1766. *2 vol. in-4°.* **O 5**

Bourbeau et Boncenne. Théorie de la Procédure civile. — *Paris, Videcoq*, 1847. *6 vol. in-8°. (Manque tome 4.)* **H 8**

Bourguignon. Manuel d'instruction criminelle. 3me édition. — *Paris, Garnery*, 1811. *2 vol. in-8°.* **E 8**

Bousquet. Explication du Code civil, d'après les motifs exprimés dans les discours des orateurs du Gouvernement et du Tribunat. — *Avignon*, 1806. *5 vol. in-4°.* **O 7**

Boutaric (F. de). Explication de l'ordonnance de Louis XIV concernant le commerce. — *Toulouse*, 1743. *2 vol. in-4°.* **B 3**

— Explication de l'ordonnance de Louis XV donnée à Versailles au mois de février 1731. — 1737. *1 vol. in-8°.* **N 4**

— Explication de l'ordonnance de Louis XV de 1731, concernant les donations. — *Avignon*, 1744. *1 vol. in-4°.* **B 3**

— Traité des droits seigneuriaux et des matières féodales.— *Toulouse*, 1745. *1 vol. petit in-8°.* **B 3**

— Les Institutes de Justinien conférés avec le Droit français, divisés en 4 livres. — *Toulouse*, 1738. *1 vol. in-4°.* **B 3**

Bravard Veyrières. Traité de Droit commercial, publié, annoté et complété par Ch. Demangeat. — *Paris, Marescq*, 1862. *6 vol. in-8°.* **D 8**

Bretagne (Procédure de). Mémoires divers pour et contre le duc d'Aiguillon, etc., etc. 1769-1770. — *1 vol. in-4°.* **K 1**

Brévannes (Le Ch. de) (attribué à). Mémorial des actes de la Préfecture de l'Hérault. — *Montpellier, A. Ricard*, 1815-1817. *2 vol. in-8°.* **E 5**

Briand et Chaudé. Manuel complet de Médecine légale. 9me édition. — *Paris, Baillière et fils. 1 vol. in-4o.* **E 8**

Brière Valigny. Code d'Assistance judiciaire. — *Paris, 1866. 1 vol. in-8°.* **E 6**

Brillon. Dictionnaire des arrêts, ou Jurisprudence universelle des parlements de France et autres tribunaux. Nouv. édition. — *Paris, 1727. 6 vol. in-fol.* **B 6**

Brodeau (J.). Commentaire sur la Coustume de la Prévosté et Vicomté de Paris. — *Paris, 1658. 2 vol. in-fol.* **N 2**

Brohard. Observations sur l'édit des Hypothèques du mois de juin 1771. — *Lyon, 1780. 1 vol. in-12.* **O 5**

Brosses (Des). Le Code des décisions Forenses disposé en douze livres et par titres, selon l'ordre du Code de Justinien. — *Cologne, 1612. 1 vol. in-4°.* **K 3**

Brun (Le). Traité des Successions, divisé en 4 livres. — *Paris, Moutard, 1775. 1 vol. in-fol.* **O 2**

Le Brun de la Rochette. Les Procès civils et criminels. — *Lyon, Rigaud, 1622. 1 vol. in-4°.* **K 1**

Brunneman (J.). Joannis Brunnemanni j. c. Commentarius in duodecim libros Codicis Justinianæi. — *Lugduni, apud Floridum Martin, 1669. 1 vol. in-fol.* **A 4**

— Commentarius in quinquagenta libros Pandectarum. — *Francofurti ad Mœnum, typis Christophori Guntheri, 1683. 2 vol. in-fol.* **A 4**

Buchère. (A). De la Justice civile en Angleterre. — *Paris, Durand, 1863. 1 vol. in-8°.* **H 6**

— Traité théorique et pratique des valeurs mobilières et effets publics. Comprenant un commentaire de la loi du 15 juin 1872. 2e édition. — *Paris, Marescq, 1881. 1 vol. in-8°.* **E 6**

Bugnyon (P.). Commentaires sur les ordonnances de Blois establies aux Etats généraux convoqués en la ville de Blois, en 1579. — *1 vol. in-12.* **O 6**

Bulletin des Lois. Collection du Bulletin des Lois, depuis l'année 1790. (*En cours de publication.*) — *A ce jour, 280 vol. in-8°.* **L M N**

Burlamaqui. Principes du Droit naturel. — *Paris, Janet et Cotelle, 1821. 1 vol. in-8°.*

H 6

C

Cadrès (E.). Code manuel de la Contrainte par corps et de l'Emprisonnement pour dettes; 2ᵉ édition. — *Paris*, 1842. *1 vol. in-12.* **E 9**

Calepinus. Ambrosii Calepini Dictionarium... Adjectæ sunt latinis Dictionibus Hebreæ, Græcæ, Gallicæ, Italicæ, Germanicæ, Hispanicæ atque Anglicæ. Editio novissima. — *Lugduni*, 1681. *2 vol. in-fol.* **N 2**

Calmètes. Étude historique sur l'administration de la justice en Corse. — *Bastia*, 1858. *1 vol. in-8°.* **O 6**

Calvinus (Jean, *aliàs* Kahl). Lexicon juridicum Juris Cæsarii simul et canonici. — *Coloniæ, apud Franciscum Helvidium*, 1622. *In-fol.* **A 3**

— Paratitla Digestorum juris Justinianæi methodica Cujacio, Pacio, Wesembecio et optimis quibusque jurisconsultis aliis selecta, in tomos duos distributa. Johan Calvini Weterani studio edita. — *Francofurti*, 1612. *2 vol. in-4°.* **A 3**

Cambolas (J. de). Décisions notables sur les diverses questions de droit. (Parlement de Tolose.) — *1 vol. in-fol.* (1659). **B 5**

Camus et Dupin. Lettres sur la profession d'Avocat; 4ᵉ édition. — *Paris, Warée oncle*, 1818. *2 vol. in-8°.* **H 7**

Camusat Busserolles et Franck Carré. Code de la police de la Chasse. — *Paris, Cosse et Delamotte*, 1844. *1 vol. in-8°.* **E 9**

Cancerius (J.). Jacobi Cancerii resolutionum Juris Cæsarii, pontifici et municipalis principatus Cathalauniæ. — *3 parties en 1 vol. in-fol., Lugduni*, 1670. **A 2**

Cange (Du) [Car. du Fresne dom.]. Glossarium ad Scriptores mediæ et infimæ latinitatis, tres in tomos digestum. — *Lutetiæ Parisiorum, Billaine*, 1678. *2 vol. in-fol.* **A 2**

Carnot. De l'Instruction criminelle. — *Paris, Migneret,* 1812. *3 vol. in-4°.* **E 9**

— Commentaire sur le Code Pénal. — *Paris, Warée,* 1823. *2 vol. in-4°.* **E 9**

Caron (Le). Code des Émigrés ; recueil des dispositions législatives de 1789 à 1825. 2ᵉ édition. — *Paris, Bossange,* 1825. *1 vol. in-8°.* **E 4**

Charondas le Caron. Recueil des anciens édits et ordonnances du Roy, concernant les domaines et droits de la couronne avec les commentaires. — *Paris,* 1690. *1 vol. in-4°.* **K 3**

— Responses et décisions du droit français, confirmées par arrêts des Cours souveraines de ce royaume. — *Paris,* 1612. *1 vol. in-fol.* **B 1**

Carou et Bioche. De la compétence civile des Juges de Paix ; 2ᵉ édition. — *Paris, Thorel et Guilbert,* 1843. *2 vol. in-8°. (Le 1ᵉʳ vol. manque.)* **H 9**

Carou. Traité théorique et pratique des actions possessoires, par Carou ; 2ᵉ édit. — *Paris, Thorel et Guilbert,* 1844. *1 vol. in-8°.* **H 9**

Carré. Analyse raisonnée des opinions des Commentateurs et des arrêts des Cours sur le Code de Procédure civile. — *Rennes, Couzin Danelle,* 1811. *2 vol. in-4°.* **H 9**

— Traité et questions de Procédure civile. — *Rennes, Duchesne,* 1818. *2 vol. in-4°.* **H 9**

— Traité du gouvernement des Paroisses. — *Rennes, Duchesne,* 1821. *1 vol. in-8°.* **H 6**

— Lois de l'organisation et de la compétence des juridictions civiles. — *Paris, Warée oncle,* 1825 et 1826. *2 vol. in-4°.* **H 9**

Cassation (discours de rentrée à la Cour de). Les Olim du Parlement de Paris, par M. de Raynal, avocat-général. — *Paris,* 1858. *in-8°.* — Le Comte Portalis, sa vie et ses travaux ; par M. de Marnas, avocat-général. — *Paris,* 1859. *In-8°.* **O 6**

Catéchisme du Concile de Trente. Le Catéchisme du Concile de Trente en latin et en français. — *Mons,* 1674. *3 vol. in-12.* **N 4**

Catellan (J. de). Arrêts remarquables du Parlement de Toulouse. Toulouse, 1705. 2 vol. in-4°. **B 3**

— Observations sur les arrêts remarquables du Parlement de Toulouse, enrichis par J. de Vedel. — *Toulouse*, 1733. *2 tomes en 1 vol. in-4°.* **B 3**

Causes célèbres. Histoire complète du procès relatif à l'assassinat du sieur Fualdès. — *Paris, Eymery et Delaunay*, 1817. *3 vol. in-8°.* **E 1**

— Recueil de plaidoyers notables de plusieurs anciens et fameux advocats de la Cour du Parlement, faits en causes célèbres, dont aucunes plaidées en présence des Roys. — *Paris*, 1612. *1 vol. petit in-8°.* **N 3**

Cauvet. Traité des Assurances maritimes. — *Paris*, 1879-1881. 2 vol. in-8°. **D 9**

Chabot de l'Allier. — Commentaire sur la loi des successions ; 5° édition. — *Paris, Nève*, 1818. *3 vol. in-8°.* **I 2**

— Même ouvrage. Nouvelle édition, par M. Belost-Jolimont. — *Paris, Pélissonnier*, 1839. 2 vol. *in-8°.* **I 2**

— Questions transitoires sur le Code Napoléon. — *Paris, Garnery*, 1809. *1 vol. in-4°.* **I 2**

Championnière et Rigaud. Traité des droits d'Enregistrement, de timbre et d'hypothèques. — *Paris*, 1835. *6 vol. in-8°.* **D 5**

Championnière. De la propriété des Eaux courantes, du droit des Riverains et de la valeur actuelle des concessions féodales. — *Paris, Hingray*, 1846. *1 vol. in-8°.* **D 5**

Chanoine et Garnier Dubourgneuf. Lois d'Instruction criminelle et pénales. — *Paris, Tournachon Molin*, 1826. *4 vol. in-8°.*
O 4

Chapel (De) **d'Espinassoux.** Du droit de Chasse en droit romain, en droit ancien et en droit français. — *Montpellier, Ricateau, Hamelin et Comp.*, 1876. *1 vol. in-8°.* **E 9**

Chardon. Traité du Dol et de la Fraude en matière civile et commerciale. — *Avallon*, 1828. *3 vol. in-8°.* **E 6**

— Traité du droit d'Alluvion. — *Avallon*, 1830. *1 vol. in-8°.* **D 5**

Chassan. Traité des délits et des contraventions de la Parole, de l'Écriture et de la Presse. — *Paris, Videcoq, 1837. 3 vol. in-8°.* **E 9**

Chauvassaignes. Manuel pratique des préposés de brigades des douanes de France. — *Paris, Baudoin, 1826. 1 vol. in-8°.* **E 6**

Chauveau Adolphe. Principes de compétence et de juridiction administratives. — *Toulouse, Lebon, 1844. 3 vol. in-8°.* **H 5**

Chauveau Adolphe, **Morin et Faustin Hélie.** Journal de droit criminel ou jurisprudence criminelle de France, 1829 à 1880 (ouvrage en cours de publication). — *Paris, Cosse. 33 vol. in-8°.* **E 7**

Chauveau Adolphe **et Batbie.** Journal du droit administratif, ou le droit administratif mis à la portée de tout le monde. — 1854 à 1879. *27 vol. in-8°.* **H 3**

Chauveau Adolphe. De la procédure de l'Ordre. Loi du 21 mai 1858. — *Paris, Cosse et Marchal, 1860. 2 vol. in-8°.* **H 7**

Chauveau Adolphe **et Faustin Hélie.** Théorie du Code pénal. — *Paris, Cosse, Marchal et Billard, 1872-1873. 6 vol. in-8°.* **E 8**

Chauveau sur Carré. Lois de la procédure civile et administrative; 4° édition. — *Paris, Cosse, Marchal et Billard. 1872 à 1877. 9 vol. in-8°.* Plus 3 vol. de supplément par Dutruc. — *Paris, 1880-1882.* **H 8**

Chénier (De). Guide des Tribunaux militaires, ou législation criminelle de l'armée. — *Paris, Anselin et Languionie, 1838. 2 vol. in-8°.* **E 9**

Christophle. Traité théorique et pratique des travaux publics. — *Paris, Marescq aîné, 1862. 2 vol. in-8°.* **H 5**

Clair et Clapier. Barreau français. Collection des chefs-d'œuvre de l'éloquence judiciaire en France. — *Paris, Panckoucke, 16 vol. in-8°.* **J 3**

Clercq (De). Code civil général de l'Empire d'Autriche. — *Paris, Imprimerie royale, 1836. 1 vol. in-8°.* **H 6**

Cochin. Œuvres de feu M. Cochin, écuyer, avocat au Parlement; nouvelle édition. — *Paris, Delalain, 1775. 6 vol. in-4°.* **J 1**

Code des Chasses, ou nouveau Traité du droit des Chasses, suivant la jurisprudence de l'ordonnance de Louis XIV du mois d'août 1669. — *Paris, G. Saugrain, 1720. 2 vol. in-8°.* **O 5**

Code Civil. Code civil des Français. Edition originale et seule officielle. — *Paris, imprimerie de la République*, 1804. *1 vol. in-4°.* **I 2**

Code de Commerce (Projet de). Projet de Code de Commerce présenté aux consuls de la République le 13 Frimaire an X par le ministre de l'intérieur. — *Paris, Giguet et Michaud*, 1802. *1 vol. in-8°.* **D 7**

Codex Fabrianus. Codex Fabrianus definitionum forensium et rerum in sacro Sabaudiæ senatu tractatarum. — *Genevæ, sumptibus Petri Chouët*, 1674. *1 vol. in-fol.* **A 1**

Code de justice militaire pour l'armée de terre, suivi du manuel du Juge au Conseil de guerre. 8° édition. — *Paris, Dumaine, Beaudouin et Cie*, 1881. *1 vol. in-12.* **E 9**

Codes de Justinien. Codicis Justinianæi sacratissimi principis repetitæ prælectionis libri XII. Accursii commentariis et multorum ac veterum ac recentiorum jurisprudentum illustrati... Accesserunt his chronici Canones. — *Parisiis, apud Sebast. Nivellium.* 1576. *1 vol. in-fol.* **A 6**

Code matrimonial. Recueil complet de toutes les lois civiles et canoniques de France. — *Paris, Hérissant*, 1770. *2 vol. in-4°.* **K 2**

Codex legum antiquarum, quibus accedunt formulæ solemnes priscæ publicorum privatorum que negotiorum — *Francofurti*, 1593. *1 vol. in-fol.* **B 1**

Code de la Librairie. Code de la Librairie et Imprimerie de Paris, ou conférence du règlement arrêté au Conseil d'État du Roi le 28 février 1723. — *Paris*, 1744. *1 vol. in-12.* **N 3**

Code du roi Henri III, roy de France et de Pologne. — *Lyon, pour les frères de Gabiano*, 1593. *1 vol. in-4°.* **O 7**

Code Théodosien. Codex Theodosianus cum commentariis Jacobi Gothofredi opus posthumum. — *Lugduni, sumptibus J. A. Huguetan*, 1665. *6 tom. en 3 vol. in-fol.* **A 4**

Cæpolla. Bartholomæi Cæpollæ tractatus de Servitutibus. — *Lugduni*, 1688. *1 vol. in-4°.* **A 3**

Coffinières. Le Code Napoléon expliqué par les décisions suprêmes de la Cour de Cassation et du Conseil d'État. — *Paris, Garnery*, 1809. *1 vol. in-4°.* **I 2**

Colombet (Cl.). Abrégé de la Jurisprudence Romaine. 4° édition.
— *Paris, Théodore Girard,* 1671. *1 vol. in-4°.* **A 4**

— In Quinquaginta libros Pandectarum seu Digestorum Paratitla.
Editio nova. — *Tolosæ,* 1701. *1 vol. in-12.* **A 3**

Combe (Guy du Rousseaud de la). Recueil de Jurisprudence civile
du pays de droit écrit et coutumier. — *Paris, Nyon,* 1756. *1 vol.
in-4°.* **K 1**

— Traité des matières criminelles. — *Paris, au Palais,* 1751. *1 vol.
in-4°.* **K 2**

Combes (J.). Traité des tailles et autres charges et subsides. —
Paris, F. Morel, 1584. *1 vol. petit in-8°.* **N 3**

Compaigne (Bert.). La Science des Juges criminels, temporels et
ecclésiastiques. — *Lyon,* 1656. *1 vol. in-18.* **N 3**

Comte (Ch.). Traité de législation, ou exposition des lois générales
suivant lesquelles les peuples prospèrent, dépérissent ou restent
stationnaires. — *Paris, A. Sautelet et Comp.,* 1826. *4 vol. in-8°.* **D 4**

Concile de Trente. Catéchisme du Concile de Trente. — *Mons,*
1674. *3 vol. in-12.* **N 4**

Concordat. Concordata inter Leonem X, Summum Pontificem, et
Franciscum I, Galliarum regem, cum Pragmatica Sanctione et horum historia. — *Tolosæ, V. Boude,* 1703. *1 vol. in-12.* **O 6**

Conseil de Préfecture. Recueil analytique des principales décisions du Conseil de Préfecture de la Seine, statuant au contentieux ; 1867 à 1870, 1871 à 1874, 7 fascic. br. — *Paris, de Mourgues,* 1874 *et* 1875. **H 5**

Coquille (Guy). Plusieurs traités touchant les libertés de l'Église
Gallicane, l'histoire de France et le droit français. — *Paris, Billaine,* 1666. *2 vol. in-fol.* **O 2**

Cormenin (baron de). Questions de Droit administratif. — *Paris,
Ridler,* 1822. *2 vol. in-8°.* **H 3**

— Droit administratif. 5me édition. — *Paris, Pagnerre et Thorel,* 1840.
2 vol. in-8°. **H 3**

Cormier (Th.). Le Code du très-chrestien et très-vertueux Roy de
France et de Navarre Henri IIII. — *S. l., pour Jean Arnaud,* 1608.
1 vol. in-4°. **O 7**

— 151 —

Cormis (Fr. de). Recueil de consultations sur diverses matières. — *Paris, Montalant,* 1735. *2 vol. in-fol.* **B 5**

Corpus juris civilis, in quinque partes distinctum. Hic accesserunt notæ repetitæ tertiæ quartæ que prælectionis, Dionysi Gothofredo j. c. auctore. Postrema editio. — *Genevæ, apud Joh Vignon,* 1615. *2 vol. in-fol.* **A 3**

Corpus juris canonici in tres partes distinctum. Editio novissima. — *Lugduni,* 1618. *3 vol. in-fol.* **A 2**

Corserius. Decisiones capellæ Tholosanæ quæ a Joanne Corserio collectæ........ — *Lugduni, sumptibus viduæ Anton. de Harsy,* 1617. *1 vol. in-4°.* **B 3**

Corvinus. Arnoldi Corvini a Belderen. Jurisprudentiæ romanæ summarium, seu Codicis Justinianei methodica cnarratio. — *Amstelodami, apud Ludovicum et Danielem Elzevirios,* 1655. *1 vol. in-4°.* **B 3**

Coutumes de Paris. Coutumes de la Prevosté et vicomté de Paris, avec les notes de M. C. du Molin restituées en leur entier. — *Paris,* 1678. *1 vol. in-12.* **N 3**

Coutumes de Bourgogne. Les Coutumes du Duché de Bourgogne. — *Paris,* 1742. *2 vol. in-fol.* **O 2**

Coutumes d'Amiens, Coutumes de Senlis, commentées par J.-M. Ricard. — *Paris,* 1713-1730. *2 vol. in-fol.* **O 2**

Coutumes de Bresse. Exposition abrégée des Lois avec des observations sur les usages des provinces de Bresse et autres régies par le droit écrit. — *Paris, Huart et Moreau,* 1751. *1 vol. in-8°.* **O 6**

Covarrubianus. Francisci Valesii Covarrubiani doct. medici, de iis quæ scripta sunt physicæ in libris sacris, sive de sacra philosophia, liber singularis. — *Lugduni,* 1595. *1 vol. in-12.* **A 2**

Covarruvias. Didaci Covarruvias a Leyva Toletani episcopi Segobiensis in variarum resolutionum libros. — *Lugduni,* 1661. *2 vol. in-fol.* **N 2**

Cresp et Laurin. Cours de droit maritime. — *Paris, Marchal, Billard et Comp.,* 1876. *2 vol. in-8°.* **D 9**

Croissant et Persil. Des Commissionnaires et des achats et ventes. — *Paris, Joubert,* 1836. *1 vol. in-8°.* **D 8**

Cros (Ul.). Code municipal de Montpellier, ou recueil des règlements et arrêtés de la municipalité de cette ville. — *Montpellier, veuve Avignon*, 1836. *1 vol. in-8°*. **E 5**

Cujas. Jacobi Cujacii j. c. præstantissimi opera omnia in decem tomos distributa. Editio nova emendatior et auctior opera et cura Car. Annib. Fabroti j. c. — *Lutetiæ Parisiorum*, 1658. *10 vol. in-fol.* **A 6**

Curasson. Le Code forestier. — *Dijon, Lagier*, 1836. *2 vol. in-8°*. **D 5**

— Traité de la compétence des Juges de Paix. 4me édition. — *Paris. Marescq*, 1877. *2 vol. in-8°*. **H 7**

D

Daffry de la Monnoye. Les lois de l'Expropriation pour cause d'utilité publique. — *Paris, Durand,* 1859, *1 vol. in-8°.* **H 7**

— Théorie et pratique de l'Expropriation pour cause d'utilité publique. 2° édit. — *Paris. Durand et Pedone Lauriel,* 1879. *2 vol. in-8°.* **H 7**

Dalloz (Ed.) et Antoine **Gouiffès.** De la propriété des Mines en France et en Belgique. — *Paris, Lacroix, s. d. 3 vol. gr. in-8°.* **E 5**

Dalloz (A.). Dictionnaire général et raisonné, ou répertoire abrégé de Législation. — *Paris,* 1835-1836. *4 vol. in-4°.* — Et partie supplém. (1834 à 1842). — *Paris,* 1841. *2 vol. in-4°.* **N 5**

Dalloz et Raynaud. Traité de la Péremption d'instance en matière civile. — *Paris, Cotillon,* 1837. *1 vol. in-8°.* **H 7**

Dalloz. Répertoire méthodique et alphabétique de Doctrine et de Jurisprudence. — *42 vol. in-4°.* **J K 7 et 8**

— Jurisprudence générale. — *77 vol. in-4°,* y compris l'année 1880 (en cours de publication). **J et K 4 5 6**

— Jurisprudence générale, 1827 à 1830. — *12 vol. in-4°.* **N 5**

— Jurisprudence générale. Table des quinze années (1841 à 1856). — *Paris,* 1857. *1 vol. in-4°.* **N 5**

— Jurisprudence générale. Table alphabétique des vingt-deux années, 1845-1867. — *Paris,* 1867. *1 vol. in-4°.* **J 7**

Dalloz et Vergé. Jurisprudence générale. Table alphabétique des dix années 1867 à 1877. — *Paris,* 1877. *1 vol. in-4°.* **J 7**

— Les Codes annotés. Code civil, *2 vol. in-4°* ; Code de Procédure civile, *1 vol. in-4°* ; Code de Commerce, *1 vol. in-4°* **J 8**

Daubanton (A.-G.). Dictionnaire du Code de Commerce. — *Paris, Buisson,* 1808. *1 vol. in-8°.* **D 6**

Daviel. Traité de la législation et de la pratique des Cours d'Eau ; 3ᵉ édition. — *Paris, Hingray, Cosse et Delamotte,* 1845. *3 vol. in-8°.*
D 5

Debèzieux (B.). Arrêts notables de la Cour du Parlement de Provence. — *Paris,* 1750. *1 vol. in-fol.*
B 5

Decisiones sacri regis Consilii Neapolitani, 1581. — *1 vol. in-f°.* **A 1**

Decius. D. n. Philippus Decius in tit. ff. de Regulis juris. — *Lugduni,* 1568. *1 vol. in-12.*
O 6

Décrets canoniques. Decretorum Canonicorum collectanea. — Antverpiæ ex officina Christ. Plantini, 1570. — *1 vol. pet. in-8°.* **A 2**

Decrusy, Isambert et Amet. Recueil général des anciennes lois françaises depuis l'an 420 jusqu'à la révolution de 1789. — *Paris, Belin le Prieur. 29 vol. in-8°.*
M 9

Delahaye. Études du Code Napoléon, particulièrement en ce qu'il intéresse les tutelles et curatelles. — *Paris, Desmarest,* 1810. *1 vol. in-8°.*
I 5

Delamarre et le Poitvin. Traité de droit commercial. — *Paris, Hingray,* 1861. *6 vol. in-8°.*
D 8

Delangle. Des Sociétés commerciales. Commentaire du titre 3 du livre Iᵉʳ du Code de Commerce. — *Paris, Joubert,* 1843. *2 vol. in-8°.*
D 8

Deleveau, Fargeon et Estève. Jurisprudence des Cours de Nimes et de Montpellier. — *Nimes,* 1835. *2 vol. in-8°.*
G 8

Deloche et Macarel. Recueil des arrêts des Conseils, 1ʳᵉ série, 1821 à 1830, *12 vol.* 2ᵐᵉ série, 1831 à aujourd'hui, *48 volumes.* — *3 vol. de tables (ouvrage en cours de publication).*
H 1 et 2

Delommeau (P.). Les maximes générales du Droit français. — — *Rouen,* 1614. *1 vol. in-8°*
N 4

Delorme et Rendu. Traité pratique du droit industriel. — *Paris, Cosse,* 1855. *1 vol. in-8°.*
H 6

Delvincourt. Cours de Code civil. — *Paris, Fournier,* 1819. *3 vol. in-4°.*
I 2

— Livre des entrepreneurs et concessionnaires de travaux publics ; 3ᵐᵉ édition. — *Paris, Durand,* 1861. *1 vol. in-8°.*
E 5

Demolombe. Cours de Code Napoléon. — *Paris, Durand,* 1854 à 1882 *(En cours de publication).* **I 7**

De la publication des lois et des actes de l'État civil. *1 vol.*
De l'Absence. *1 vol.*
Du Mariage et de la séparation de corps. *2 vol.*
De la Paternité et de la filiation. *1 vol.*
De l'Adoption et de la tutelle officieuse. *1 vol.*
De la Minorité, de la tutelle, de l'émancipation, de la majorité, de l'interdiction. *2 vol.*
De la distinction des Biens, de la propriété, de l'usufruit, de l'usage et de l'habitation. *2 vol.*
Des Servitudes et des Services fonciers. *2 vol.*
Des Successions. *5 vol.*
Des Donations entre vifs et des Testaments. *6 vol.*
Des Obligations. *8 vol.*

Denisart (J.-B.). Actes de Notoriété donnés au Chatelet de Paris, sur la jurisprudence et les usages qui s'y observent. — *Paris,* 1759. *1 vol. in-4°.* **K 2**

— Collection de décisions nouvelles. — *Paris, V° Desaint,* 1775. *4 vol. in-4°.* **K 2**

Desgodets. Lois des bâtiments suivant la coutume de Paris, avec les notes de Goupy ; nouvelle édition, par Hugues Destrem. — *Paris, Durand,* 1845. *1 vol. in-8°.* **E 5**

Desjardins (A.). Traité de droit commercial maritime. — *Paris, Durand et Pedone Lauriel,* 1880. *3 vol. in-8°.* **D 9**

Devilleneuve et Gilbert. Jurisprudence du XIX° siècle. Tables 1791 à 1850. — *Paris,* 1853. *4 vol. in-4°.* **G 7**

— Tables de 1851 à 1860. — *Paris,* 1862. *1 vol.* **G 7**

— Tables de 1861 à 1870. — *Paris,* 1873. *1 vol.* **G 7**

Devilleneuve et Carette (collection de Sirey). Recueil général des lois et arrêts de 1791 à ce jour *(en cours de publication).* **G 2 à 7**

Dictionnaire raisonné des Domaines et droits domaniaux. — *Rouen,* 1763. *1 vol. in-4°.* **K 1**

Dictionnaire des droits d'Enregistrement, de timbre, de greffe et d'hypothèques. — *Paris,* 1810. *1 vol. in-4°.* **O 7**

Dictionnaire des droits d'Enregistrement, de timbre, de greffe et d'hypothèques. — *Paris, Cosse, Marchal, Billard et Comp.*, 1875. *4 vol. in-4°.* **D 5**

Dictionnaire des villes et communes de France. — *Paris, Langlois et Leclerc, s. d.* **E 4**

Digeste. Digestorum seu Pandectarum juris civilis volumina. — *Parisiis, ex officina Roberti Stephani*, 1527-1528, *6 vol. in-12.* **A 3**

— Digestum vetus. Infortiatum. Digestum novum cum commentariis Accursii et scholiis Contii et paratillis Cujacii... — *Parisiis, apud Sebastianum Nivellium*, 1576. *3 vol. in-fol.* **A 6**

Dixmes. Recueil des principales décisions sur les Dixmes, les portions congruës, les droits et charges des curés primitifs. — *Paris*, 1741. *2 vol. in-12.* **N 4**

Domat. Les loix civiles dans leur ordre naturel, le droit public et Legum delectus. Nouvelle édition revue par de Héricourt. — *Paris, G. Cavalier*, 1735. *2 tomes en 1 vol. in-fol.* **B 2**

Dote (De). De Dote, tractatus ex variis juris civilis interpretibus decerpti. — *Lugduni, apud heredes Jacobi Juntæ*, 1569. *1 vol. in-fol.* **A 4**

Douanes. Manuel des Douanes. — *S. d.* **E 6**

Doujat. Histoire du droit canonique, avec l'explication des lieux qui ont donné le nom aux Conciles..... — *Paris*, 1680. *1 vol. in-18.* **N 4**

Dubernad. Traité des principes d'indemnité en matière d'assurances maritimes et de grosse aventure sur navire et marchandises, par William Benecke, de Lloyd's. Traduit et commenté par Dubernad. — *Paris, Renard*, 1825. *2 vol. in-8°.* **D 9**

Dubernet de Boscq. Réclamation à M. Demolombe. Partages d'ascendants. — *Agen*, 1867. *Broch. in-8°.* **O 6**

Dubos. Histoire critique de l'établissement de la monarchie française dans les Gaules. — *Paris*, 1734. *3 vol. in-4°.* **K 3**

Dubreuil. Analyse raisonnée de la législation sur les Eaux. — *Aix, Aubin*, 1842. *2 vol. in-8°.* **D 5**

Ducasse. La pratique de la juridiction ecclésiastique. — *Paris, Coignard*, 1702. *2 vol. in-12.* **O 6**

Dufau, Duvergier et Guadet. Collection des constitutions, chartes et lois fondamentales des peuples de l'Europe et des deux Amériques. — *Paris, Pichon et Didier*, 1830. 7 *vol. in-8°*. **D 2**

Dufour (G.). Traité général de droit administratif. — *Paris, Delamotte et Comp.*, 1845. *4 vol. in-8°*. **H 5**

Dufour (baron). La loi sur la Chasse. 2me édition. — *Paris, Durand*, 1863. *1 vol in-8°*. **E 9**

Dufresne. Traité de la séparation des Patrimoines. — *Paris et Orléans*, 1842. *1 vol. in-8°*. **I 5**

Dufriche de Valazé. Lois pénales. — *Alençon, Malassis*, 1784. *1 vol. in-8°*. **E 8**

Dumay. Commentaire de la loi du 21 mai 1836, sur les chemins vicinaux. Nouvelle édition. — *Dijon, Lagier*, 1844. 2 *vol. in-8°*. **H 5**

Duménil. Nouveau Dictionnaire de la législation des Douanes. — 1830. *1 vol. in-8°*. **E 6**

Dumesnil. Lois et Règlements sur la Caisse des dépôts et consignations. 2me édition. — *Paris, Cosse*, 1853. *1 vol. in-8°*. **H 7**

Dumoulin, Henrion de Pansey. Traité des fiefs de Dumoulin, analysé et conféré avec les autres feudistes par Henrion de Pansey. — *Paris*, 1773. *1 vol. in-4°*. **K 1**

Dunod de Charnage. Traité des Prescriptions, de l'aliénation des biens d'Église et des Dixmes. — *Paris*, 1765. *1 vol. in-4°*. **K 1**

Dupin. Lois des communes. — *Paris, Guillaume*, 1823. 2 *vol. in-8°*. **H 3**

— Lois concernant l'organisation judiciaire. — *Paris, Guillaume et Cie*, 1819. *2 vol. in-8°*. **H 4**

— Lois criminelles. — *Paris, Guillaume et Cie.* 1 *vol. in-8°*. **E 6**

— Lois de la procédure civile. — *Paris, Guillaume et Cie.* 1 *vol. in-8°*. **H 8**

— Lois forestières avec les lois sur la chasse et la pêche. — *Paris, Guillaume*, 1822. *1 vol. in-fol.* **D 5**

— Manuel du droit public ecclésiastique français. — *Paris, Videcoq*, 1844. *1 vol. in-12*. **H 6**

Dupin. S'il est permis de diffamer les morts, et si dans ce cas les héritiers ont l'action en diffamation ? — 1860. *Broch. in-8°.* **O 6**

Dupont (Étienne). Traité pratique de la jurisprudence des mines, minières, forges et carrières. 2ᵉ édition. — *Paris.* 1862. *3 vol. in-8°.* **E 5**

Duport Lavilette. Questions de droit. — *Grenoble, Viallet,* 1831. *7 vol. in-8°.* **O 3**

Duranti. J. Steph. Duranti j. c. celeberrimi et amplissimi senatus Tholosani quondam primi præsidis Quæstiones notatissimæ. — *Lugduni,* 1634. *1 vol. in-4°.* **B 3**

Duranton. Traité des contrats et des obligations en général. — *Paris, Nève,* 1819. *4 vol. in-8°.* **I 2**

— Cours de droit français suivant le Code civil. — *Paris, Alexis Gobelet.* 1828 à 1837. *21 vol. in-8°.* **I 3**

Dutruc (G.). Traité de la séparation de biens judiciaire. — *Paris,* 1853. *1 vol. in-8°.* **I 9**

— Le Code Pénal modifié par la loi du 18 avril-13 mai 1863, suivi du texte et de l'explication de la loi du 20 mai 1863 sur les flagrants délits. — *Paris, Cosse et Marchal,* 1863. *1 vol. in-8°.* **E 9**

Duval Neel (sieur de la Lissandrière). L'ancien Clerc du palais réformé, suivant les nouvelles ordonnances et la jurisprudence des arrêts. — *Paris, Jacques le Febvre,* 1702. *1 vol. in-12.* **O 6**

Duvergier, Dufau et Guadet. Collection des constitutions, chartes et lois fondamentales des peuples de l'Europe et des deux Amériques. — *Paris, Pichon et Didier,* 1830. *7 vol. in-8°.* **D 2**

E

Édits. Recueil des Édits de pacification, ordonnances, déclarations des rois de France en faveur de la religion prétendue réformée, 1561 à 1652. — *Genève*, 1658. *1 vol. in-12.* **O 6**

— Recueil des Édits, déclarations, arrêts du Conseil et des Parlements de Paris et de Toulouse rendus au sujet de la religion prétendue réformée, 1669 jusqu'à présent. — *Toulouse*, 1715, *1 vol. petit in-8°.* **B 3**

— Recueil des Édits concernant la province du Languedoc. 1704 à 1708 — 1721 à 1723 — 1724 à 1725 — 1726 à 1727. — *4 vol. in-4°.* **C 2**

— Recueil des Édits, déclarations arrêts et ordonnances pour la province du Languedoc, 1730 à 1747 (manquent 1738 et 1742). — *7 vol. in-4°.* **C 2**

— Recueil des Édits, déclarations, arrêts du Conseil et du Parlement de Toulouse, 1667 à 1749, concernant l'ordre judiciaire. — *Toulouse*, 1749. *2 vol. in-8°.* **N 3**

— Recueils des Édits, déclarations du roi et arrêts de règlement sur les impositions et la juridiction des Parlements, de la Cour des comptes, aides et finances, les Bureaux des finances, des Présidiaux et autres tribunaux du Languedoc. — *Montpellier, Picot*, 1781. *1 vol. in-4°.* **B 3**

— Recueil des Édits, déclarations et ordonnances pour la province du Languedoc. — 1739. 1754. 1756. 1760. 1762. 1763. 1764. 1767. 1772. 1774. 1775 à 1785. 1787. 1788. *23 vol. petit in-4°.* **C 2**

Eloy. De la responsabilité des Notaires. — *Paris, Durand*, 1863. *2 vol. in-8°.* **H 7**

Emerigon. Traité des Assurances et des Contrats à la grosse. — *Marseille, Jean Mossy*, 1783. *2 vol. in-4°.* **D 9**

Espeisses (D'). OEuvres de M. Antoine d'Espeisses, avocat et jurisconsulte de Montpellier. Nouvelle édition, revue, corrigée et augmentée par Guy du Rousseaud de La Combe. — *Toulouse, Dupleix*, 1778. 3 vol. in-4°. **B 3**

Essais de jurisprudence. — *Paris*, 1694. 1 vol. in-12. **N 4**

Estève, Deleveau et Fargeon. Jurisprudence des Cours de Nimes et de Montpellier. — *Nîmes*, 1835. 2 vol. in-8°. **G 8**

Everard. Loci argumentorum legales, auctore Nicolao Everardo a Middelburgo jurisconsulto. — *Lugduni, apud Gabriel Cotier*, 1556. 1 vol. in-12. **A 2**

Examen des nouveaux écrits de la Provence sur la propriété du Rhône. — *Paris, Vincent*, 1768. 1 vol. in-4°. **B 3**

Expilly (Cl.). Plaidoyers et mémoires. — *Lyon, Simon Rigaud*, 1631. 1 vol. in-4°. **O 7**

Exposition abrégée des lois, avec des observations sur les usages des provinces de Bresse et autres régies par le droit écrit. — *Paris, Huart et Moreau*, 1751. 1 vol. in-8°. **O 6**

F

Faber (Antonius). Jurisprudentiæ Papinianeæ scientia. — *Lugduni*, 1607. *1 vol. in-4°*. **A 3**

— Antonii Fabri j. c. Sebusiani De erroribus pragmaticorum et interpretum juris. — *Lugduni*, 1598. *2 vol. in-4°*. **K 1**

— Ant. Fabri Sebusiani Conjecturarum juris civilis libri sex. — *Lugduni*, 1598. *1 vol. in-4°*. **K 1**

Fabrianus. Codex. — *Genevæ*, 1674. *1 vol. in-fol.* **A 1**

Fabrotus (C.-A.). Βασιλικων libri LX in VII tomos divisi : Carolus Annibal Fabrotus latine vertit et græce edidit. — *Parisiis, Sebastien Cramoisy*, 1647. *7 tomes en 6 vol. in-fol.* **A 4**

— Caroli Hannibalis Fabroti j. c. Stromatum libri II. — *Aquis Sextiis*, 1610. *1 vol. in-12.* **A 2**

Fachinæus (A.). Andreæ Fachinæi foroliviensis j. c. Controversiarum juris tomi tres. — *Lugduni, apud J. Pillehotte*, 1612. *1 vol. in-fol.* **A 2**

Faivre (A.) **et Benoît Lévy.** Code manuel de la Presse. — *Paris, Cotillon et Cie*, 1881. *1 vol. pet. in-8°.* **E 9**

Fargeon, Deleveau, Estève. Jurisprudence des Cours de Nimes et de Montpellier. — *Nimes*, 1835. *2 vol. in-8°.* **G 8**

Faustin Hélie. Traité de l'Instruction criminelle. — *Paris, Hingray*, 1845-1860. *9 vol. in-8°.* **E 8**

Faustin Hélie et Chauveau. Théorie du Code Pénal. — *Paris, Cosse*, 1873. *6 vol. in-8°.* **E 8**

Faustin Hélie. Commentaire de la loi du 13 mai 1863. **E 9**

Faustin-Adolphe Hélie. Les Constitutions de la France, avec un commentaire. — *Paris, Marescq*, 1880. *1 vol. in-8°.* **H 5**

Favard de Langlade. Manuel pour l'ouverture et le partage des Successions. — *Paris*, 1811. *1 vol. in-8°.* **I 5**

— Traité des Priviléges et des Hypothèques. — *Paris, Didot et Nève,* 1842. *1 vol. in-8°.* **I 5**

— Répertoire de la nouvelle législation civile, commerciale et administrative. — *Paris, Nève et Firmin Didot,* 1823. *5 vol. in-4°.* **J 4**

— Législation électorale. — *Paris, Didot frères,* 1830. *1 vol. in-8°.* **E 4**

Fay (E.). La Justice de Paix en Italie et en France. — *Chambéry,* 1873. *1 vol. in-8°.* **O 6**

Febronius. Justini Febronii j. c. De statu Ecclesiæ et legitima potestate Romani Pontificis liber singularis. — *Bullioni, apud Guil. Evrardi,* 1763. *1 vol. in-4°.* **A 3**

Fenet. Recueil complet des travaux préparatoires du Code civil, par A. Fenet. — *Paris,* 1827. *15 vol. in-8°.* **I 1**

Fenet (Constant). Réforme efficace de la magistrature par un juge républicain. — *Paris, Cotillon,* 1880. *1 vol. in-12 broché.* **O 6**

Ferrariis (De). Jo. Petri de Ferrariis Aurea Practica. — *Lugduni, sumptibus Philippi Tinghi florentini,* 1577. *1 vol. in-fol.* **O 2**

Ferrière (Cl. de). Traité des Fiefs, suivant les coutumes de France et l'usage des provinces de droit écrit. — *Paris,* 1680. *1 vol. in-4°.* **K 1**

— Corps et Compilation de tous les Commentateurs, anciens et modernes, sur la coutume de Paris. 2me édition. — *Paris, Henry Charpentier,* 1714. *4 vol. in-fol.* **B 2**

— Dictionnaire de Droit et de Pratique. — *Paris, Brunet,* 1749. *2 vol. in-4°.* **O 5**

Ferrière (J.-A.). Traité des Tutelles. — *Toulouse,* 1766. *1 vol. in-4°.* **K 3**

Fevret. Traité de l'Abus et du vray sujet des appellations qualifiées de ce nom d'Abus. — *Lyon,* 1677. *2 parties en 1 vol. in-fol.* **N 2**

Fiore (Pasquale). Droit international privé, traduit de l'italien et annoté par P. Pradier Fodéré. — *Paris, Durand et Pedone Lauriel,* 1875. *1 vol. in-8°.* **H 6**

Flandin. De la Transcription en matière hypothécaire. Explication de la loi du 23 mars 1855. — *Paris, Cosse et Marchal,* 1861. *2 vol. in-8°.* **I 9**

Fleury (l'Abbé). Histoire ecclésiastique. — *Paris,* 1758. *40 vol. in-12.* **O 1**

Floret (Louis). De la Magistrature française. Quelques mots sur les réformes à insérer dans la loi nouvelle. — *Marseille, Roux,* 1871. *Broch. in-8°.* **O 6**

Fons (V^{or}) **et de Laviguerie.** Arrêts inédits du Parlement de Toulouse, recueillis et enrichis de notes par Mr de Laviguerie, publiés par V. Fons, son secrétaire, avec annotations par Tajan. — *Toulouse,* 1831. *2 tomes en 1 vol. in-8°.* **B 3**

Fontanella (J. P.). De pactis nuptialibus, sive capitulis matrimonialibus tractatus, sacro principatus Cathaloniæ senatui dicatus. — *Genevæ, sumptibus Samuel Chouët,* 1659. *2 vol. in-fol.* **A 2**

Foucart (E. V.). Éléments de droit public et administratif. 2e édition. — *Paris, Videcoq,* 1839. *3 vol. in-8°.* **H 5**

Foucher (V.). Code de commerce et Lois de procédure du royaume d'Espagne. — *Paris, Joubert,* 1838. *1 vol. in-8°.* **H 6**

— Commentaire sur le Code de Justice militaire pour l'armée de terre. — *Paris, Didot,* 1858. *1 vol. in-8°.* **E 9**

Fournel. Traité de la Séduction, considérée dans l'ordre judiciaire. — *Paris,* 1781. *1 vol. in-12.* **N 3**

— Traité du Voisinage, considéré dans l'ordre judiciaire et administratif. — *Paris, Warée,* 1812. *2 vol. in-8°.* **I 4**

Fournel et Rondonneau. Les Lois rurales de la France. 5e édition. — *Paris, Bossange père,* 1823. *2 vol. in-12.* **D 6**

Franc Alleu. Le Franc Alleu de la province du Languedoc, establi et défendu. 2me édition. — *Tolose, Jean Boude,* 1645. *1 vol. in-fol.* **B 3**

— Le Franc Alleu de Provence. — *Aix,* 1732. *1 vol. in-4°.* **B 3**

Franck Carré et Camusat Busserolles. Code de la police de la Chasse. — *Paris, Cosse et Delamotte,* 1844. *1 vol. in-8°.* **E 9**

Freüsleben. Corpus juris civilis academicum in duas partes distributum, auctore Christ. Henri Freüsleben alias Ferromontano. Editio nova. — *Coloniæ Munatianæ,* 1775. *2 tomes en 1 vol. in-4°.* **A 3**

Fréminville (De). Traité historique de l'origine et nature des Dixmes et des biens possédés par les Ecclésiastiques en franche aumône et de leurs charges. — *Paris,* 1762. *1 vol. in-12.* **N 4**

— Traité de jurisprudence sur l'origine et le gouvernement des communes ou communaux, des habitants, des paroisses et seigneuries. — *Paris,* 1763. *1 vol. in-12.* **N 4**

Fresne (Car. du) Domin. du Cange. Glossarium ad scriptores mediæ et infimæ latinitatis, tres in tomos digestum. — *Lutetiæ Parisiorum, Billaine,* 1678. *3 vol. in-fol.* **A 2**

Fresne (J. du) et **Jamet de la Guessière**. Journal des principales audiences du Parlement (1657 à 1676). — *Paris,* 1678. *3 vol. in-fol.* **O 2**

Fresne (J. du) et **Jamet de la Guessière et autres**. Journal des principales audiences du Parlement, 1622 à 1722. — *Paris, Prault,* 1733 à 1754. *7 vol. in-fol.* **B 6**

Furgole. Commentaire de l'Ordonnance de Louis XV sur les Substitutions, d'août 1747. — *Paris,* 1767. *1 vol. in-4°.* **J 3**

— OEuvres complètes. — *Paris, Celot,* 1775-1776. *8 vol. in-8°.* **J 3**

Fusarius. Vincentii Fusarii Consiliorum, sive responsorum ultimarum voluntatum libri duo. — *Genevæ, J. de Tornus et J. de la Pierre,* 1630. *1 vol. in-fol.* **A 1**

— Vincentii Fusarii Tractatus de Substitutionibus in duas partes distinctus. — *Genevæ, Jac. Crispini,* 1641. *1 vol. in-fol.* **A 1**

G

Galisset et Mignon. Traité des vices redhibitoires. 2ᵉ édition. — *Paris, Labé, Cosse*, 1852. *1 vol. in-8°*.   **E 5**

Garbouleau (P.). Du Domaine public en droit romain et en droit français. — *Paris, Durand*, 1859. *1 vol. in-8°*.   **H 4**

— Éléments d'Économie politique, à l'usage des gens du monde. — *Paris, Durand*, 1862. *1 vol. in-8°*.   **E 4**

— Des Finances et de l'équilibre des budgets. — *Paris*, 1868. *Broch. in-8°*.   **O 6**

— Le parti conservateur et la situation actuelle. 1871. — *Br. in-8°*. **O 6**

— La fin des Révolutions. — *Paris*, 1871. *Br. in-8°*.   **O 6**

— La Revue judiciaire du Midi. 1864 à 1875. — *10 vol. in-4°*. **G 8**

Garnier. Régime des Eaux. — *Paris*, 1822. *1 vol. in-8°*.   **D 5**

Garnier. Supplément au Régime des Eaux — *Paris*, 1835. *1 vol. in-8°*.   **D 5**

Garnier Dubourgneuf et Chanoine. Lois d'instruction criminelle et pénales. — *Paris, Tournachon Molin*, 1826. *4 vol. in-8°*. **E 6**

Garonne. Histoire de la ville de Montpellier. — *Paris, Pichard*, 1828. *1 vol. in-8°*.   **E 5**

Gaschon. Code diplomatique des Aubains. — *Paris, Foucault*, 1818, *1 vol. in-8°*.   **H 6**

Gaudin. Catalogue de la Bibliothèque de la ville de Montpellier. — *Montpellier, Grollier*. 1875-1880. *5 vol. in-8°*. (En cours de publication.)   **E 4**

Gaudry. Traité de la législation des Cultes. — *Paris, Durand*, 1854. *3 vol. in-8°*.   **H 6**

Gaultier (J.). Table chronologique de l'estat du Christianime, depuis la naissance de Jésus-Christ jusqu'en 1620. — *Lyon, P. Rigaud,* 1621. *1 vol. in-fol.* **B 2**

Gavini de Campile. Traité des Servitudes, ou confrontation du droit français avec les lois romaines. — *Paris, Hingray,* 1853. *2 vol. in-8°.* **I 4**

Gazette officielle (du 14 juillet 1815 au 27 janvier 1816). — *1 vol. in-4°.* **E 10**

Geronimo (Don.) **de Ustaritz.** Théorie et pratique du commerce et de la marine. Traduction de l'espagnol. — *Paris, Veuve Etienne,* 1753. *1 vol, in-4°.* **D 6**

Géraud. Traité des droits seigneuriaux. — *Tolose,* 1680. *1 vol. in-18.* **N 4**

Gilbert et Devilleneuve. Jurisprudence du XIX° siècle. Tables de 1791 à 1850. — *Paris,* 1853. *4 vol. in-4°.* **G 7**

— Tables de 1851 à 1860. *1 vol.* **G 7**

— Tables de 1861 à 1870. *1 vol.* **G 7**

Gillon et Stourm. Code des Municipalités. — *Paris, Moutardier,* 1834. *1 vol. in-12.* **H 5**

Gin. De l'éloquence du Barreau. — *Paris, Hérissant fils,* 1769. *1 vol. in-12.* **O 6**

Ginoulhac (Ch.). Histoire du régime dotal et de la communauté en France. — *Paris, Joubert,* 1842. *1 vol. in-8°.* **I 5**

Giraud (Ch.). Notice sur la vie de Fabrot. — *Aix, Aubin,* 1833. *1 vol. in-8°.* **E 4**

— Le traité d'Utrecht. — *Paris, Plon frères,* 1847. *1 vol. in-8°.* **E 4**

Giraudeau et Lelièvre. La Chasse. — *Paris, Paul Dupont,* 1868. *1 vol. in-18.* **E 9**

Girard et Neron. Recueil d'Édits et d'Ordonnances royaux. — *Paris, Montalant,* 1720. *2 vol. in-fol.* **B 1**

Gothofredus. Serics Digestorum et codicis, auct. Gothofredo. — *1 vol. in-18.* **A 2**

— Corpus juris civilis a Dio. Gothofredo recognitum. — *Genevæ, ex typographia Jacobi Stoer*, 1614. *2 vol. in-12*. **A 3**

— Corpus juris civilis. — *Genevæ*, 1615. *2 vol. in-fol.* **A 6**

— Corpus juris civilis Justinianei cum commentariis Accursii, scholiis Contii et Dionysii Gothofredi. — *Lugduni, sumptibus Claudii Landry*, 1618. *6 vol. in-fol.* **A 5**

Gothofredus (Jacobus). Fontes quatuor juris civilis in unum collecti. — *Genevæ*, 1653. *1 vol. in-4°.* **A 3**

— Jacobi Gothofredi opuscula varia, juridica, politica, historica, critica. — *Genevæ*, 1634. *1 vol. in-4°.* **A 3**

— Codex Theodosianus. — *Lugduni*, 1665. *6 tomes en 3 vol. in-fol.* **A 4**

Goubeau de la Bilennerie. Traité général de l'Arbitrage en matière civile et commerciale. — *Paris, Renard et Villecoq*, 1827. *2 vol. in-8°.* **H 9**

Goujet et Merger. Dictionnaire du Droit commercial. 2ᵉ édition. — *Paris, Cotillon et Marescq*, 1852. *4 vol. in-8°.* **D 8**

Goveanus (Ant.). Antonii Goveani j. c. clarissimi opera. — *Lugduni, sumptibus Iren. Barlet*, 1622. *1 vol. in-12.* **A 2**

Grandmaison (Brunet de). Dictionnaire des Aydes. — *Paris, Prault*, 1750. *2 tomes en 1 vol. in-12.* **B 3**

Grasset et Corne. Jurisprudence des Cours d'Agen et de Montpellier. — 1827. *1 vol. in-8°.* **G 8**

Grasset. J.-J. Rousseau à Montpellier. — *Montpellier, Bœhm*. 1854. *1 vol. in-8°.* **E 5**

Grassus. Tractatus de Successione. — *Lugduni, sumptibus Pet. Landry*, 1603. *2 tomes en 1 vol. in-fol.* **A 5**

Grattier (A. de). Commentaire des lois de la Presse. — *Paris, Delhomme*. 1845. *2 vol. in-8°.* **E 9**

Graverend (J.-M. Le). Traité de la législation criminelle en France; 2ᵉ édition; — *Paris, Béchet aîné*, 1823. *2 vol. in-4°.* **E 9**

Greffier (Le). Le greffier des Prévosts des mareschaux et provinciaux. — *Genève*, 1620. *1 vol. in-18.* **N 3**

Grégoire IX. Epistolæ decretales summorum pontificum a Gregorio nono Pontifice maximo collectæ. — *Antverpiæ, ex officina Christ. Plantini*, 1570. 1 vol. petit in-8º. **A 2**

Grenier. Commentaire sur l'Édit portant création des conservateurs des hypothèques ; 2ᵉ édition. — *Riom, Martin Degoutte*, 1787. 1 vol. in-12. **O 6**

— Traité des Donations, des testaments et de toutes autres dispositions gratuites. — *Clermont-Ferrand, Landriot*, 1812. 2 vol. in-4º. **I 2**

— Traité des Hypothèques; 2º édition. — *Clermont-Ferrand, Thibaut Landriot*, 2 vol. in-4º. **I 2**

— Recueil d'œuvres manuscrites, par ordre alphabétique des matières. 6 vol. in-fol. **O 8**

Gronovius (J. F.). Joh. Fred. Gronovii de Sestertiis libri IV. — *Lugduni Batavorum, ex officina Joh. du Vivié*, 1691. 1 vol. in-4º. **A 3**

Grotius. Hugoni Grotii de jure belli ac pacis libri tres, editio nova. — *Amstelædami, apud Joan. Blaeu*, 1567. 1 vol. in-8º. **H 6**

— Le droit de la guerre et de la paix, annoté par Jean Barbeyrac. — *Amsterdam, Pierre de Coup*, 1724. 2 vol. in-4º. **H 6**

Guadet, Dufau et **Duvergier.** Collection des Constitutions, chartes et lois fondamentales des peuples de l'Europe et des deux Amériques. — *Paris, Pichon et Didier*, 1830. 7 vol. in-8º. **D 2**

Guenois (Pierre). La grande Conférence des Ordonnances et Édits royaux jusques à l'année 1659. — *Paris, Thomas Jolly*, 1660. 3 vol. in-fol. **B 1**

Guessière (Jamet de la) et **du Fresne.** Journal des principales audiences du Parlement, 1657 à 1676. — *Paris*, 1678. 3 vol. in-fol. **O 2**

Guessière (Jamet de la) et autres. Journal des principales audiences du Parlement, 1622 à 1722. — *Paris, Prault*, 1754. 7 vol. in-fol. **B 6**

Guichard. Jurisprudence communale et municipale. — *Paris, Renard*, 1820. 1 vol. in-8º. **H 5**

Guilhot. Jurisprudence de la Cour de Montpellier, 1847-1856. — *Montpellier, Martel ainé*. 2 vol. in-4º. **G 8**

Guillaume (Achille). De la législation des rails routes ou chemins de fer en Angleterre et en France. — *Paris, Carillan Gœury,* 1838. *1 vol. in-8°.* **E 6**

Guillon et Stourm. Code des municipalités. — *Paris,* 1834. *1 vol. in-12.* **H 5**

Guyot. Traité des Fiefs, tant pour le pays coutumier que pour les pays de droit écrit. — *Paris, Saugrain,* 1746. *7 vol. in-4°.* **K 3**

H

Harmenopulus. Promptuarium juris. Interprete Joanne Mercero. — *Apud Guill. Leimarium*, 1587. *1 vol. in-4°*. **A 3**

Hauthuille (D'). De la révision du régime hypothécaire. — *Paris, 1843. 1 vol. in-8°.* **I 9**

Heineccius. Antiquitatum Romanarum jurisprudentiam illustrantium Syntagma — *Argentorati, sumptibus Reinoldi Dulsseckeri*, 1734. *2 vol. in-8°*. **O 6**

Heineccius (I. G.). Opera in VIII tomos distributa. — *Genevæ, impensis her Gramer et frat. Philibert*, 1744-1748. *9 vol in-4°*. **A I**

Henrion de Pansey. De la compétence des Juges de Paix. 7ᵉ édition. — *Paris, Barrois père*, 1825. *1 vol. in-8°*. **H 9**

Henrys (Cl.). OEuvres de Claude Henrys, contenant son recueil d'arrêts. — *Paris*, 1772. *4 vol. in-fol.* **B 2**

Herbault. Traité des Assurances sur la vie, revu et publié après le décès de l'auteur par Daniel de Folleville. — *Paris, Marescq*, 1877. *1 vol. in-8°*. **E 5**

Hérault (Département de l'). Mémorial des actes de la Préfecture de l'Hérault, 1815-1817. *2 vol. in-8°*. **E 5**

Héricourt (L. de). Les Loix ecclésiastiques de la France. — *Paris, Denys Mariette*, 1730. *1 vol. in-fol.* **B 2**

— Traité de la vente des immeubles, par décret. — *Paris, rue Sᵗ-Jacques*, 1739. *2 tomes en 1 vol. in-4°*. **K 3**

Histoire. Histoire du droit ecclésiastique français, par M. D. B. — *Londres, Samuel Harding*, 1750. *2 vol. in-12.* **N 3**

Histoire du ministère d'Armand Jean du Plessis, cardinal duc de Richelieu, sous le règne de Louis le Juste. — *Paris*, 1650. *2 vol. in-18.* **N 4**

Hobbes (Thomas). OEuvres philosophiques et politiques. — *Neuchatel, 1787. 2 vol. in-8°.* **E 4**

Hœnonius (Ph. Henri). Disputationum juridicarum libri tres. (Millesime déchiré.) *1 vol. in-12.* **?**

Hotomanus (Franc.). Commentarius in quatuor libros Institutionum juris civilis. — *Basileæ, ex officina Hervagiana, 1569. 1 vol. in-fol.* **A 4**

— Questionum illustrium lib. — *S. l., apud Guil. Leymarium, 1585. 1 vol. in-12.* **A 2**

Huard. Répertoire de législation et de jurisprudence en matière de brevet d'invention. — *Paris, Cosse et Marchal, 1863. 1 vol. in-8°.*
H 6

Huguet et Rivière. Questions théoriques et pratiques sur la transcription en matière hypothécaire. — *Paris, Marescq et Dujardin, 1856. 1 vol. in-8°.* **I 9**

Huguet et Pataille. Code international de la propriété industrielle, artistique et littéraire. — *Paris, Marescq, 1855. 1 vol. in-8°.*
H 6

Husson Charloteau. Abrégé des matières bénéficiales. — *Toulouse, 1683. 1 vol. in-18.* **N 4**

Husson (A.). Traité de la législation des travaux publics et de la voirie en France. — *Paris, Hachette, 1841. 2 vol. in-8°.* **H 5**

I

Imbert (Jean). La pratique judiciaire, tant civile que criminelle, illustrée et enrichie de plusieurs doctes commentaires, par P. Guenoys. — *Paris, Nicolas Buon, 1606. 1 vol. in-4°.* **K 1**

Instruction facile sur les conventions, ou notions simples sur les divers engagements qu'on peut prendre dans la société et leurs suites. — *Paris, 1771. 1 vol. in-12.* **O 5**

— Instructions générales aux commis préposez pour la perception des droits de controlle des arts et sous signatures privées, etc. — *Marseille, 1737. 1 vol. petit in-8°.* **N 4**

Isambert, Decruzy et Armet. Recueil général des anciennes lois françaises, depuis l'an 420 jusqu'à la révolution de 1789. — *Paris, Belin le Prieur. 29 vol. in-8°.* **M 9**

J

Jarry. Des Amortissements, nouveaux acquets et franc-fiefs. — Paris, 1717. *1 vol. petit in-8°.* **N 4**

Jay et Beaume. Traité de la vaine pâture et du parcours. — Paris, *Durand*, 1863. *1 vol. in-8°.* **D 6**

Jeanvrot (J.). De l'application des Décrets du 29 mars 1880 sur les congrégations religieuses. — *Paris, Cotillon,* 1880. *1 vol. in-12.* **H 7**

Joly. Traité des Restitutions des Grands. — 1665. *1 vol. in-18.* **N 4**

Joly (Maurice). Le Barreau de Paris. Etudes politiques et littéraires. — *Paris, Gosselin,* 1863. *1 vol. in-8°.* **H 7**

Jouanneau et Solon. Discussions du Code civil dans le Conseil d'Etat, avec notes. — *Paris, Demonville,* 1805. *3 vol. in-4°.* **I 2**

Jouët (L.). La Bibliothèque des arrests de tous les parlements de France. — *Paris, Guil. de Luyne,* 1669. *1 vol. in-fol.* **B 1**

Jourdain et Malepeyre. Traité des Sociétés commerciales. — *Paris, Mansut fils,* 1833. *1 vol. in-8°.* **D 8**

Journal officiel de la République française. Publication quotidienne depuis avril 1871. — *In-4° rel.* **De A à P**

Journal officiel du Gouvernement français du 1er janvier 1869 au 31 mars 1871. **De A à P**

Journal du Palais, ou Recueil des principales décisions de tous les Parlements et Cours souverains de France, par Claude Blondeau et Gabriel Guéret. — *Paris, Michel Etienne David,* 1737. *2 v. in-fol.* **B 6**

Journal du Palais, ou Recueil de plusieurs arrêts remarquables du Parlement de Toulouse, contenant divers arrêts de 1690 à 1753. — *Toulouse,* 1759. *6 vol. in-4°.* **B 3**

Journal du Palais, ou Recueil le plus ancien et le plus complet de la Jurisprudence, depuis 1791. Publication périodique, *137 vol. in-4°*. **F 1 à 7**

— Répertoire général, contenant la jurisprudence de 1791 à 1850. — *Paris*, 1845 à 1850. *12 vol. in-4°*. **F 8**

— Répertoire général, contenant la jurisprudence de 1791 à 1857. Supplément. — *Paris*, 1857. *2 vol. in-4°*. **F 8**

— Table complémentaire, contenant la jurisprudence de 1857 à 1870. — *Paris*, 1872. *2 vol. in-4°*. **F 8**

— Jurisprudence administrative depuis l'an VIII jusqu'à 1851. — *Paris*, 1842 à 1851. *11 vol. in-4°*. (Recueil fondé par Ledru Rollin, continué par MM. Cuénot, Gelle et Fabre). **H 4**

— Jurisprudence administrative. — 1852 à 1876. *6 vol. in-4°*. **H 4**

— Lois, Décrets, règlements et instructions d'intérêt général, suivis d'annotations. — 1851 à 1876. *10 vol. in-4°*. **H 4**

— Bulletin des décisions en matière d'enreg^t, de timbre, greffe, hypothèque et de contraventions notariales. — 1850 à 1864. *1 vol. in-4°*. **D 5**

Jousselin. Traité des Servitudes d'utilité publique. — *Paris, Cotillon*, 1850. *2 vol. in-8°*. **H 5**

Jousselin et de Lalleau. Traité de l'Expropriation pour cause d'utilité publique. 3e édition. — *Paris, Cosse*, 1856. *2 vol. in-8°*. **H 7**

Jouy (De). Principes et usages concernant les dixmes. — *Paris*, 1751. *1 vol. in-12*. **N 4**

Juge et Rebel. Traité théorique et pratique de la Législation et de la Jurisprudence des chemins de fer. — *Paris, Cosse*, 1847. *1 v. in-8°*. **E 6**

Julien. Éléments de Jurisprudence, selon les loix romaines et celles du royaume. — *Aix, David*, 1785. *1 vol. in-4°*. **K 1**

Jurisprudence complète des Cours royales d'Agen, Montpellier, Nimes, Pau et Toulouse, rédigée par une Société d'avocats, publiée par MM. Grasset et Corne. — *Toulouse, Corne*, 1827. *1 vol. in-8°*. **G 8**

Jurisprudence du XIXe siècle. Table décennale alphabétique et chronologique du Recueil général des Lois et Arrêts, 1851 à 1860. — *Paris*, 1862. 1 vol. in-4°.   G 7

— Table décennale, 1861 à 1870. — 1 vol. in-4°.   G 7

L

Lacan et Charles Paulmier. Traité de législation et de jurisprudence des Théâtres. — *Paris, Durand,* 1853. *2 vol. in-8°.* **E 6**

Laget de Podio. Nouvelle juridiction des consuls de France à l'étranger. 2ᵉ édition. — *Marseille,* 1844. *2 vol. in-8°.* **D 7**

— Traité et questions sur les Assurances maritimes. — *Marseille,* 1847. *2 vol. in-8°.* **D 9**

Lalaure et Pailliet. Traité des Servitudes réelles. — *Paris, Tournachon Molin,* 1827. *1 vol. in-8°.* **I 4**

Lalleau (De) et Jousselin. Traité de l'Expropriation pour cause d'utilité publique. 5ᵉ édition. — *Paris, Cosse,* 1856. *2 vol. in-8°.* **H 7**

Lamé Fleury. Code annoté des Chemins de fer en exploitation. — *Paris, Imprimerie Nationale. 12 volumes.* En cours de publication. **E 6**

Lamoignon (De). Arrêts de M. le premier Président de Lamoignon — 1703. *1 vol. in-4°.* **B 3**

Lancelottus. Institutiones Juris canonici quibus jus pontificum singulari methodo comprehenditur. — *Tolosæ, apud Bern. Dupuy,* 1670. *1 vol. in-4°.* **A 2**

— Institutiones Juris canonici. — *Parisiis,* 1675. *1 vol. in-18.* **A 2**

Lange. La nouvelle pratique civile et bénéficiale. — *Paris, Le Breton,* 1712. *2 vol. in-4°.* **J 1**

Langlæus (J.). Jani Langlæi in senatu Britanniæ celticæ consiliarii semestria. — *Parisiis, Nic. Buon,* 1611. *1 vol. in-4°.* **K 2**

Lanoë. Code des maîtres de Poste, des entrepreneurs de diligence et de roulage. — *Paris, Roret,* 1827. *2 vol. in-8°.* **D 6**

Lapeyrère. Décisions sommaires du Palais. — *Bordeaux,* 1725. *1 vol. in-fol.* **O 2**

Larombière. Théorie et pratique des Obligations. — *Paris, Durand,* 1857, *5 vol. in-8°.* **I 9**

Laudimiis (De). Tractatus auctorum qui hactenus in ea commentarios conscripserunt. — *Augustæ Taurinorum,* 1629. *1 vol. in-fol.*
A 2

Laurent (F.). Principes de droit civil français. 3° édition. — *Paris, Marescq,* 1878. *33 vol. in-8°.* **I 6**

Laurentius (J.). Reverentia Ecclesiæ Romanæ erga sanctos Patres veteres subdola opera et studio Jacobi Laurentii. — *Lugduni Batavorum,* 1624. *1 vol. in-18.* **N 4**

Laurière (Eus. de). Traité des Institutions et des Substitutions contractuelles. — *Paris, Guignard,* 1715. *2 vol. in-12.* **O 6**

— Glossaire du Droit françois, contenant l'explication des mots difficiles qui se trouvent dans les ordonnances de nos Roys, etc. — *Paris,* 1704. *2 vol. in-4°.* **K 2**

Laurière (De). Ordonnances des rois de France de la 3° race, recueillies par ordre chronologique. — *Paris, Impr. Royale,* 1723-1757. *14 vol. in-fol.* **B 4**

Laurin et Cresp. Cours de droit maritime. — *Paris, Marchal, Billard,* 1876. *2 vol. in-8°.* **D 9**

Lauriol (De). Recueil manuscrit d'arrêts de la Cour des Aydes, par M. de Lauriol, pour faire suite aux arrêts du président Philippi. — *5 vol. in-fol.* **B 5**

Lauth. De la Quotité disponible entre époux. — *Paris,* 1862. *1 vol. in-8°.* **I 9**

Lassime. Traité de la Contrainte par corps. — *Paris, Durand,* 1863. *1 vol. in-8°.* **E 9**

Laviguerie (De) et V^{or} **Fons.** Arrêts inédits du Parlement de Toulouse. — *Toulouse,* 1831. *2 tomes en 1 vol. in-8°.* **B 3**

Laya (A.). Droit anglais. — *Paris, comptoir des imprimeurs de Paris,* 1845. *2 vol. in-8°.* **H 6**

Ledeau et Ortolan. Le Ministère public en France. — *Paris, Fanjat aîné,* 1831. *2 vol. in-8°.* **E 9**

Lefebvre (Alph.). De l'Emploi et du Remploi en rentes sur l'État, Commentaire de la loi du 2 juillet 1862. — *Paris*, 1864. *1 vol. in-8°.*
I 9

Le François. Traité du Crédit ouvert en compté courant moyennant affectation hypothécaire. — *Paris, Marchal, Billard et Comp.* 1878. *1 vol. in-8°.*
D 9

Legat. Code des étrangers. — *Paris, Béchet aîné*, 1832. *1 vol. in-8°.*
H 6

Leges Atticæ. Leges Atticæ, Samuel Petitus colligit. — *Parisiis, sumptibus Caroli Morelli*, 1635. *1 vol. in-fol.*
O 2

Lelièvre et Giraudeau. La Chasse. — *Paris, Paul Dupont*, 1868. *1 vol. in-18.*
E 9

Léotard (Sat.). Notice sur la bibliothèque de la ville de Montpellier. — *Montpellier, 1867. In-8°.*
E 4

Lepec. Recueil général des lois, décrets, ordonnances depuis 1789. — En cours de publication. *18 vol. in-8°. 1 vol. de table in-8°.* **L 7**

Leschassier (J.). Œuvres, contenant plusieurs excellents traittez, tant du droit public des Romains, que de celuy des François. — *Paris*, 1649. *1 vol. in-4°.*
K 3

Lexicon Græco-Latinum. — *Basileæ, in officina Joan. Vualderi*, 1537. *1 vol. in-fol.*
O 8

—Lexicon juridicum Juris Cæsarii simul et canonici, studio et opera Joannis Calvini alias Kahl. — *Coloniæ, apud Franc. Helviddum*, 1622. *1 vol. in-fol.*
A 3

Liouville (F.). De la profession d'Avocat. 3ᵉ édition. — *Paris, Cosse et Marchal*, 1864. *1 vol. in-8°.*
H 7

— Paillet ou l'Avocat ; conseils d'un ancien aux stagiaires sur l'exercice de la profession d'avocat. — *Paris, Marchal, Billard*, 1880. *vol. in-12.*
H 7

Lisbonne (Eug.). Rapport sur la loi de la Presse, 1881. **E 9**

Loiseau. Traité des enfants naturels. — *Paris, Bavoux*, 1819. *1 vol. in-8°.*
I 4

Locré. Esprit du Code Napoléon. — *Paris*, 1807. *7 vol. in-8°.* **I 1**

— Esprit du Code de commerce. — *Paris, Garnery*, 1811. *10 vol. in-8°.* **D 6**

— Esprit du Code de procédure. — *Paris, Didot*, 1816. *5 vol. in-8°.* **H 8**

Lois. Recueil des Loix et autres pièces relatives au droit public et particulier de la province du Languedoc en matière de nobilité et de roture de fonds de terre.— *Paris, Vincent*, 1765. *1 vol.in-4°.* **B 3**

— Recueil de lois civiles, 24 août 1790 au 8 juin 1792. — *Montpellier, Tournal*, 1792. *1 vol. in-4°.* **O 7**

— Recueil de lois pénales, 20 août 1789 au 6 juin 1792. — *Montpellier, Tournal*, 1497. *1 vol. in-4°.* **O 7**

— Recueil des lois composant le Code civil, avec les discours des orateurs du gouvernement et les rapports. — *Paris, Moreau*, 1803. *7 vol. in-8°.* **I 1**

— Recueil des lois et ordonnances d'un intérêt général depuis le 7 août 1830. — *Paris*, 1831 à 1880. *49 vol. in-8°.* (En cours de publication.) **L 8 et 9**

Loiseau et Bavoux. Jurisprudence des Cours de cassation et d'appel sur la Procédure civile et commerciale. — *Paris*, 1809. *3 vol. in-8°.* **?**

Loubers (H.). J. Domat philosophe et magistrat. — *Paris, Thorin*, *1 vol. in-8°.* **E 4**

— Étude sur le Dialogue des avocats d'Antoine Loysel. — *Paris*, 1864. *1 vol. in-8°.* **O 6**

— De la création d'une chaire d'Éloquence judiciaire dans les facultés de droit. — *Toulouse*, 1876. *In-8°.* **O 6**

— Des Dommages-intérêts résultant de l'inexécution des obligations conventionnelles. — 1864. *in-8°.* **O 6**

Louet (G.). Recueil de plusieurs notables arrêts donnés en la Cour du Parlement de Paris. — *Paris, P. Rocolet*, 1678. *2 tomes en 1 vol. in-fol.* **N 2**

Loyseau (Ch.). OEuvres, avec les remarques de Cl. Joly. — *Paris, P. Rocolet*, 1666. *1 vol. in-fol.* **B 1**

M

Macarel. Éléments de jurisprudence administrative. — *Paris, Dondey Dupré*, 1818. 2 vol. **H 1**

Macarel et Deloche. Recueil des arrêts des Conseils. 1re série, 1821 à 1830, 12 vol. ; 2° série, 1831 à aujourd'hui, 48 vol. ; 3 vol. de tables. Ouvrage en cours de publication. **H 1 et 2**

Mac. Carthy (J.). Dictionnaire universel de Géographie; 2° édition. — *Paris, Garnier frères*, 1841. 2 vol. in-8°. **E 4**

Maffre. Établissements agricoles du Midi sous la domination Romaine. — *Béziers*, 1872. *In-8°*. **O 6**

Mahul. Cartulaire et archives des communes de l'ancien diocèse de Carcassonne. — *Paris, Didron et Dumoulin*, 1857. 5 vol. in-4°. **E 5**

Mailher de Chassat. Traité des Statuts, d'après le droit ancien et le droit moderne, ou du droit international privé. — *Paris, Durand*, 1845. 1 vol. in-8°. **H 6**

Maisons (Des). Nouveau recueil d'arrêts et règlements du Parlement de Paris. — *Paris, Estienne Loyson*, 1667. 1 vol. in-fol. **B 1**

Maistre (Le). Les Plaidoyez et Harangues. — *Paris, Pierre le Petit*, 1658. 1 vol. in-4°. **K 3**

Majorités. Traité des Majorités coutumières et d'ordonnances, par M*** — *Paris, Jean de Nully*, 1729. 1 vol. in-12. **N 3**

Malepeyre et Jourdain. Traité des Sociétés commerciales. — *Paris, Mansut fils*, 1833. 1 vol. in-8°. **D 8**

Maleville (De). Analyse raisonnée de la discussion du Code civil au Conseil d'Etat ; 3° édition. — *Paris, Nève*, 1822. 4 vol. in-8°. **I 1**

Malpel. Traité élémentaire des Successions *ab intestat*. — *Toulouse, Corne*, 1824. 1 vol. in-8°. **I 5**

Mangin. Traité de l'Action publique et de l'Action civile en matière criminelle. — *Paris, Nève,* 1837. *2 vol. in-8°.* **E 9**

— Traité des Procès-verbaux en matière de délits et de contraventions, avec introduction par Faustin Hélie. — *Paris Nève,* 1839. *1 vol. in-8°.* **E 9**

Mannory. Plaidoyers et mémoires. — *Paris,* 1759. *2 vol. in-12.* **N 3**

Mantica (F.). Tractatus de conjecturis ultimarum voluntatum. — *Genevæ, excudebat Steph. Gamonetus,* 1619. *1 vol. in-fol.* **A 1**

Marcadé (V.). Explication théorique et pratique du Code Napoléon, 5° édition. — *Paris,* 1855-1856. *7 vol. in-8°.* **I 9**

Marie Du Mesnil. Nouveau Dictionnaire de Législation des Douanes. — *Paris, V° Ch. Bichet,* 1830. *1 vol. in-8°.* **E 6**

Marsa. Tractatus de clausulis de quibus in omnibus tribunalibus disputatum est. — *Coloniæ Allobrogum,* 1618. *1 vol. in-4°.* **A 3**

Martens (De). Recueil des principaux Traités d'alliance, etc. — *Göttingue, Dieterich,* 1801. *7 vol. in-8°.* **D 4**

— Supplément au Recueil des principaux Traités d'alliance. — *Göttingue, Dieterich,* 1804. *4 vol. in-8°.* **D 4**

Massé (G.). Le Droit commercial dans ses rapports avec le droit des gens et le droit civil ; 2° édition. — *Paris, Guillaumin et Cie., 4 vol. in-8°.* **D 8**

Massol. De la Séparation de corps et de ses effets, quant aux personnes et quant aux biens. — *Paris,* 1841. *1 vol. in-8°.* **I 6**

Masson Delongpré. Code annoté de l'Enregistrement ; 2° partie. — *Paris, Pissin,* 1839. *1 vol. in-8°.* **D 5**

— Bulletin annuel de l'Enregistrement. T. I, 1839, 1842. — *Paris, Pissin,* 1843. *1 vol. in-8°.* **L 5**

Mathæus (A). Antonii Mathæi j. c. de Criminibus ; editio tertia. — *Vesaliæ,* 1672. *1 vol. in-4°.* **A 2**

Maynard (G. de). Singulières questions du Droit escrit décidées et jugées par arrêts mémorables de la Cour souveraine du Parlement de Tholose. — *Paris, Robert Fouët,* 1628. *1 vol. in-fol.* **B 1**

Meaume (E). Commentaire du Code forestier. — *Paris, Delamotte,* 1843. *1 vol. in-8°.* **D 5**

Melenet. Traité de la Péremption d'instance. Nouvelle édition, augmentée d'un traité de feu M. le Président Bouhier. — *Dijon,* 1787. *1 vol. in-8°.* **O 5**

Mémoires. Variétés du Palais. Recueil de mémoires. — 27 *vol. in-4°.* **C 1**

— Mémoires manuscrits de la Cour des Aydes. — *1 vol. in-fol.* **B 5**

— Mémoires politiques d'Armand du Plessis, cardinal duc de Richelieu. — *Amsterdam, Henri Desbordes,* 1689. *1 vol. in-18.* **N 4**

— Mémoires et factums. — *8 vol. in-4°.* **C 2**

Mémoires sur la Révolution Française. Mémoires de Bailly. 3 *vol.* — Mémoires du marquis de Ferrières. *3 vol.* — Mémoires de Mme Roland. *2 vol.* — Mémoires de Webert. *2 vol.* — Mémoires de Guillou de Montléon. *3 vol.* — Mémoires du baron de Besenval. 2 *vol.* **E 2**

Mémoires anecdotiques, pour servir à l'histoire de la Révolution française. Lombard de Langres. 2 *vol.* — Thibaudeau. 2 *vol.* — Vendéens et Chouans. 6 *vol.* — Les Prisons. 2 *vol.* — Papiers trouvés chez Robespierre, St Just, Payan et autres. 2 *vol.* — Débats de la Convention nationale. *5 vol.* (Le 4e vol. manque.) — Marquis d'Argenson. *1 vol.* — Marquis de Bouillé. *1 vol.* — Mémoires sur Carnot. *1 vol.* — Ferin. *1 vol.* — Sur les Journées de septembre. *1 vol.* — Bonchamps et La Rochejaquelein. *1 vol.* — Sénart. *1 vol.* — Meillan. *1 vol.* — Sur l'affaire de Varennes. *1 vol.* — Barbaroux. *1 vol.* — Relation du départ de Louis XVI. *1 vol.* — Journal de Cléry. *1 vol.* — Duc de Montpensier. *1 vol.* — Mme du Hausset. *1 vol.* — Sur la Vendée. *1 vol.* — Durand de Maillane. *1 vol.* **D 1**

Menochius (J.). Jacobi Menochii Papiensis j. c. excellent. De arbitrariis judicum quæstionibus et causis centuriæ sex. — *Lugduni, apud Ant. de Harsy,* 1606. *1 vol. in-fol.* **A 2**

— Commentarii de Præsumptionibus. — *Lugduni, apud Steph. Michaelem,* 1588. *1 vol. in-fol.* **A 3**

Merger et Goujet. Dictionnaire du Droit commercial. 2e édition. — *Paris, Cotillon et Marescq,* 1852. *4 vol. in-8°.* **D 8**

Merlinus ou Merlino. De Legitima, tractatus absolutissimus Mercuriali Merlino, una cum decisionibus magistralibus sacræ Rotæ Romanæ. — *Genevæ,* 1665. *1 vol. in-fol.* **A 3**

Merlin. Répertoire de Jurisprudence. — *Paris, Garnery,* 1827. *1 vol. in-4°.* **J 2**

— Questions de Droit. 4° édition. — *Paris, Remoissenet. 9 vol. in-4°.* **J 2**

Mesle (J.). Traité des Minorités, tutelles et curatelles. — *Paris, Mouchet,* 1752. *1 vol. in-4°.* **J 1**

Milanensi (F.). Aureæ decisiones regiæ curiæ regni Siciliæ. Authore Francisco Milanensi. — *Francofurti ad Mœnum,* 1650. *1 vol. in-4°.* **K 2**

Millon (Ch.). Politique d'Aristote. — *Paris, Artaud,* 1803. *3 vol. in-8°.* **E 4**

Mirabeau. Discours et opinions de Mirabeau, précédés d'une notice historique sur sa vie; par M. Barthe, avocat. — *Paris, Kleffer et Aug. Caunes,* 1820. *3 vol. in-8°.* **E 2**

Molinier (J.-V.). Traité de droit commercial. — *Paris, Joubert,* 1846. *1 vol. in-8°.* **D 8**

Molinæus (Car.). Caroli Molinæi Franciæ et Germaniæ celeberrimi juris consulti opera quæ exstant omnia. Edit. quarta in tomis distincta. — *Parisiis,* 1678. *4 vol. in-fol.* **B 2**

Mollot. Bourses de commerce, agents de change et courtiers, — *Paris, Delaunay et Nève,* 1831. *3 vol. in-8°.* **D 8**

— Règles de la profession d'Avocat, 2° édition. — *Paris, Durand,* 1866. *2 vol. in-8°.* **H 7**

Moly (De). Traité des Absents. — *Paris, Egron,* 1822. *1 vol. in-8°.* **I 5**

Moniteur. Collection du *Moniteur* publié à Gand, pendant les cent jours, servant de complément au *Moniteur* de 1815. — *Paris, Paulin,* 1834. *1 vol. in-fol.* **E 10**

Moniteur universel. Journal officiel du Gouvernement, de 1790 au 1ᵉʳ janvier 1869. — *169 vol.* **A à P**

Moniteur. Tables. — 1823 et 1824. *1 vol. in-fol.* **E 10**

Montesquieu. De l'Esprit des Loix. — *Leyde, 1749. 2 tomes en 1 vol. in-4°.* **K 3**

— De l'Esprit des Loix. — *Amsterdam, 1788. 4 vol. in-12.* **O 6**

X. Observations sur l'*Esprit des Loix*, ou l'Art de lire ce livre, de l'entendre et de le juger. — *Amsterdam, Pierre Mortier, 1751. In-12.* **O 6**

X. Pièces pour et contre l'*Esprit des Loix*, en trois parties. — *Genève, 1752. 1 vol. in-12.* **O 6**

Montpellier. Indicateur des rues et places de la ville de Montpellier et des trois cantons ou sections de justice-de-Paix. — *Montpellier, Dumas, 1853. 1 vol. in-8°.* **E 5**

— Discours prononcés aux audiences de rentrée de la Cour d'appel de Montpellier. **E 4**

— Discours prononcés en audience solennelle de la Cour pour l'installation des premiers Présidents et des Procureurs généraux. **E 4**

Montvalon (De). Traité des Successions. — *Aix, 1780. 2 vol. in-4°.* **K 1**

Moret et Desrues. Memento théorique et pratique du possesseur de titres au porteur. Loi du 15 juin 1872. 3° édition. — *Paris, Marchal, Billard, 1882. 1 vol. in-18.* **E 6**

Morin (Achille). Répertoire général et raisonné du droit criminel. — *Paris, Durand, 1850-1851. 2 vol. in-4°.* **E 9**

Morin Achille, **Chauveau Adolphe et Faustin Hélie.** Journal de Droit criminel, ou jurisprudence criminelle de la France. 1829 à 1880. (Ouvrage en cours de publication.) — *Paris, Cosse, 33 vol. in-8°.* **E 7**

Mornacius (A.). Antonii Mornacii in Senatu Paris. patroni observationes in Digestum et Codicem. — *Lutetiæ Parisiorum, sumptibus Ant. de Sommaville, 1654-1660. 4 vol. in-fol.* **A 4**

Mosnier (J.). Les véritables alliances du Droit françois. — *Tournon, Claude Michel, 1618. 1 vol. in-4°.* **K 1**

Mourlon (F.). Examen critique et pratique du Commentaire de M. Troplong sur les Privilèges, suivi d'un appendice sur la Transcription en matière hypothécaire. — *Paris, Marescq*, 1855. *2 vol. in-8°.* **I 9**

Mourlon et Ollivier. Lois sur les Saisies immobilières et sur les ordres. — *Paris, Marescq aîné*, 1853. *1 vol. in-8°.* **H 7**

Municipal (Pouvoir). Du Pouvoir municipal, de sa nature, de ses attributions et de ses rapports avec l'autorité judiciaire. — *Paris, Th. Barrois père*, 1820. *1 vol. in-8°.* **H 4**

Muyart de Vouglans. Instruction criminelle, suivant les lois et ordonnances du royaume ; divisée en trois parties. — *Paris*, 1762. *1 vol. in-4°.* **K 2**

Mynsingeri (Jo.) **A. Frundeck.** Singularium observationum judici. Imp. Cameræ centuriæ VI. — *Helmstadii*, 1584. *1 vol. in-4°.* **A 2**

— Apotalesma. *Excudebat Mathæus Berjon*, 1597. *1 vol. in-4°.* **A 2**

Madre (De). Formulaire pour Inventaires. — *Paris, Durand*, 1852. *1 vol. in-4° broché.* **O 7**

— Formulaire pour Contrats de Mariage. — *Paris, Cosse et Marchal*, 1859. *1 vol. in-4° broché.* **O 7**

N

Nadault de Buffon. Des Usines sur les cours d'eau. — *Paris, Carilian Gœury et Ve Dalmont*, 1840. 2 vol. in-8°. **D 5**

Naples (Roy^e de). Decisiones sacri regii consilii Neapolitani ab excellentis. viris j. c. clarissimis collectæ. — *Lugduni, sumptibus Phil. Tinghi florentini*, 1581. 1 vol. in-fol. **A I**

Néron (P.) et **E. Girard.** Recueil d'Édits et d'Ordonnances royaux. — *Paris, Montalant*, 1720. 2 vol. in-fol. **B 1**

Nogent St-Laurens. Traité de la législation et de la jurisprudence des Chemins de fer. — *Paris, Colomb de Batines, Delamotte et Mathias*, 1841. 1 vol. in-8°. **E 6**

Notaires. Nouveau manuel des Notaires, ou Traité théorique et pratique du notariat; 2° édition. — *Paris, Béchet aîné*, 1822. 1 vol. in-8°. **H 7**

Nougarède (A.). Essai sur l'histoire de la Puissance paternelle. — *Paris, Le Normant*, 1801. 1 vol. in-8°. **E 4**

— De la législation sur le Mariage et sur le Divorce. — *Paris, Le Normant et Rondonneau*, 1802. 1 vol. in-8°. **O 6**

— Histoire des Loix sur le Mariage et sur le Divorce. — *Paris, Normant*, 1803. 2 vol. in-8°. **E 4**

Nougarède (baron de Fayet). Lois des familles, ou essais sur l'histoire de la Puissance paternelle et sur le divorce; 2° édition. — *Paris, Le Normant*, 1814. 1 vol. in-8°. **O 6**

Nouguier. Des lettres de change et des effets de commerce en général. — *Paris, Hingray*, 1839. 2 vol. in-8°. **D 8**

— Même ouvrage; 4° édition. — *Paris, Cosse*, 1875. 2 vol. in-8°. **D 8**

Nouguier (Ch.). La Cour d'assises. Traité pratique. — *Paris, Cosse et Marchal*, 1860. 5 vol. in-8°. **E 7**

O

Oinotomus (J.). Joannis Oinotomi alias Schneidewini in Inst. Imperialium libros Commentarii. — *Genevæ, apud Pet. et Jac. Chouët*, 1626. *1 vol. in-4°.* **A 3**

Olive (Simon d'). Questions notables du Droit décidées par divers arrêts de la Cour du Parlement de Toulouse. — *Toulouse*, 1682. *1 vol. in-4°.* **B 3**

Ollivier et Mourlon. Commentaire de la Loi sur les saisies immobilières et sur les ordres. — *Paris, Marescq aîné*, 1858. *1 vol. in-8°.* **H 7**

Ordonnances du Roy Louis XIII sur les plaintes et doléances faites par les députés des Estats de son royaume, convoqués et assemblés en la ville de Paris en l'année 1614. Édit. nouvelle. — *Tolose, R. Colomiez*, 1630. *1 vol. in-8°.* **N 4**

Ordonnance de Louis XIV, roi de France et de Navarre, donnée à St-Germain en Laye, au mois d'avril 1667. — *Paris*, 1668. *1 vol. in-12.* **N 4**

— De Louis XIV, roi de France et de Navarre, ensemble les Édits et déclarations touchant la réformation de la justice, du mois d'août 1669. — *Paris*, 1669. *1 vol. in-12.* **N 4**

— De Louis XIV, roi de France et de Navarre, du mois d'août 1669. — *Paris*, 1670. *1 vol. in-12.* **N 4**

— De Louis XIV, sur le fait des Eaux et Forêts, vérifiée en Parlement et Chambre des comptes. — *Paris*, 1726. *1 vol. in-12.* **N 4**

— De Louis XIV, donnée à St Germain en Laye, au mois d'août 1670, pour les matières criminelles. — *Paris*, 1670. *1 vol. in-4°.* **O 5**

— De Louis XIV, même ouvrage. — *Paris*, 1671. *1 vol. in-18.* **N 4**

— Ordonnances et règlements pour les Chambres des comptes du royaume et sur le maniement des deniers du roi. — *Montpellier, Daniel Pech.*, 1687. *Petit in-8°.* **B 3**

— Recueil des nouvelles Ordonnances et règlements de Louis XV, sur les affaires qui sont de nature à être portées au Conseil. — *Paris, Prault père,* 1738. *1 vol. in-12.* **N 4**

— L'Ordonnance de 1667, mise en pratique conformément à la jurisprudence et à l'usage du Parlement de Toulouse. — *Toulouse,* 1759. *1 vol. in-4°.* **B 3**

— Conférence de l'Ordonnance de Louis XIV, du mois d'août 1669, sur le fait des Eaux et Forêts, contenant les loix forestières de France. — *Paris, Saugrain l'aîné,* 1725. *2 vol. in-4°.* **D 6**

— Commentaire sur l'Ordonnance des Eaux et Forêts du mois d'août 1669. — *Paris, Debure père,* 1725. *1 vol. in-12.* **D 6**

— Procès-verbal des Conférences tenues par ordre du Roy, pour l'examen des articles de l'Ordonnance civile d'avril 1667 et de l'Ordonnance criminelle de 1670. — *Paris,* 1709. *1 vol. in-4°.* **K 3 et O 5**

— Même ouvrage ; même édition.

— Ordonnance de 1735, concernant les Testaments. **O 5**

— Commentaire sur les Ordonnances de Blois aux États généraux convoqués en 1579 pour la réformation et ordre et règlement de la justice du royaume. — *1 vol. in-12.* **O 6**

— Nouveau Commentaire sur les Ordonnances du mois d'août 1669 et 1673, ensemble sur l'Édit de mars 1673, touchant les épices, par M*** conseiller au présidial d'Orléans. — *Paris, Debure,* 1756. *In-12.* **O 6**

Orfila. Leçons de Médecine légale. 2° édition. — *Paris, Béchet jeune,* 1838. *3 vol. in-8°.* **E 8**

Orillard. De la Compétence et de la Procédure des Tribunaux de commerce. — *Paris, Cosse,* 1855. *1 vol. in-8°.* **D 7**

— Code des Conseils de Préfecture. — *Paris, Cosse et Marchal,* 1866. *1 vol. in-8°.* **H 5**

Ortolan et Ledeau. Le Ministère public en France. — *Paris, Fanjat aîné,* 1831. *2 vol. in-8°.* **E 9**

Ortolan. Notice biographique sur M. Dupin. — *Paris, Joubert,* 1840. *1 vol. in-8°.* **E 4**

P

Pacius (J.). Julii Pacii a Beriga Legum conciliatarum centuriæ VII cum indice titulorum. — *Spiræ, 1596. 1 vol. in-12 rel. parch.* **A 3**

— Julii Pacii a Beriga De juris Methodo libri II — *Spiræ, 1597. 1 vol. in-12.* **A 3**

— Julii Pacii a Beriga Legum conciliatarum centuriæ decem. — *Lugduni, sumptibus Petri Ravaud, 1631. 1 vol. in-12.* **A 3**

— Julii Pacii j. c. claris. analysis Institutionum imperialium. — *Lugduni, 1670. 1 vol. in-12.* **A 3**

Pagès. De la responsabilité des Notaires. — *Montpellier, Virenque, 1843. 1 vol. in-8°.* **H 7**

Pailliet et Lalaure. Traité des Servitudes réelles. — *Paris, Tournachon Molin, 1827. 1 vol. in-8°.* **I 4**

Pailliet. Manuel de Droit français ; 6ᵉ édition. — *Paris, Desoer et Cie, 1824. 1 vol. in-4°.* **O 7**

Palaa (G.). Dictionnaire législatif et réglementaire des chemins de fer ; 2ᵉ édition. — *Paris, Cosse, 1872. 1 vol. in-8°.* **E 6**

Pandectes. Pandectæ Justinianeæ, in novum ordinem digestæ, cum legibus Codicis et Novellis. — *Parisiis, Saugrain, Desaint et Saillant, 1748. 3 vol. in-fol.* **A 5**

Pansey (Henrion de). De l'autorité judiciaire en France. — *Paris, 1818. 1 vol. in-4°.* **J 4**

— De la Compétence des Juges de Paix ; 7ᵉ édition. *Paris, Barrois père, 1825. 1 vol. in-8°.* **H 9**

Papæ (Guidonis) Decisiones. — *Genevæ, sumptibus J. A. et Sam. de Tournes, 1653. 1 vol. in-fol.* **N 2**

Pape (Guy). La Jurisprudence du célèbre conseiller et jurisconsulte Guy Pape, avec notes par Chorier. — *Lyon, 1692. 1 vol. in-4°.* **K 1**

Papon (Jean). Instrument du premier notaire de Jean Papon, conseiller du roi ; 4ᵉ édition. — *Lyon, Jacques Roussin,* 1598. *1 vol. in-fol.* **B 2**

— Trio judiciel du second notaire de Jean Papon ; 4ᵉ édition. — *Lyon, Jacques Roussin,* 1599. *1 vol. in-fol.* **B 2**

— Secrets du troisième et dernier notaire de Jean Papon; 4ᵉ édition. — *Lyon, Roussin,* 1600. *1 vol. in-fol.* **B 2**

— Recueil d'arrêts notables des Cours souveraines de France. — *Genève, par Jacques Stoer,* 1648. *1 vol. in-4°.* **K 1**

Parant. Lois de la Presse en 1836. — *Paris, Didot,* 1836. *1 vol. in-8°.* **E 9**

Pardessus. Traité des Servitudes ou services fonciers; 8ᵉ édition. — *Paris, Thorel et Guilbert,* 1838. *2 vol. in-8°.* **I 4**

— Collection des lois maritimes antérieures au XVIIIᵉ siècle. — *Paris, Imp. Roy.,* 1828. *6 vol. in-4°.* **D 9**

— Cours de droit commercial; 5ᵉ édition. — *Paris, Nève,* 1841. *6 vol. in-8°.* **D 8**

Pasquier (E.). OEuvres contenant les recherches de la France, etc. — *Amsterdam,* 1723. *2 vol. in-fol.* **B 4**

Passeribus (Nic. de). Conciliatio cunctarum legum. — *Francofurti et Lipsiæ,* 1685. *1 vol. in-4°.* **A 2**

Pastoret (De). Histoire de la Législation. — *Paris, Imp. Roy.,* 1817. *7 vol. in-8°.* **D 4**

Pataille et Huguet. Code international de la propriété industrielle, artistique et littéraire. — *Paris, Marescq,* 1855. *1 vol. in-8°.* **H 6**

Paulmier et Lacan. Traité de la Législation et de la Jurisprudence des Théâtres. — *Paris, Durand,* 1853. *2 vol. in-8°.* **E 6**

Pecqueur (C.). De la Législation et du mode d'exécution des chemins de fer. — *Paris, Delessart,* 1840. *1 vol. in-8°.* **E 6**

Pellerin (A.). Commentaire de la loi des 18 avril-13 mai 1863. — *Paris, Durand,* 1863. *1 vol. in-8°.* **E 9**

Pelletier (J. Le). Instruction très-facile et nécessaire pour obtenir de la Cour de Rome et de la Légation d'Avignon toutes sortes d'expéditions de bénéfices, dispenses de mariages et autres. — *Lyon, Antoine Boudet*, 1699. *1 vol. in-12.* **O 6**

Peregrinus (A.). De fideicommissis præsertim universalibus tractatus frequentissimus. — *Francofurti*, 1645. *1 vol. in-fol.* **A 1**

Perezius (Ant.). Ant. Perezi j. c. Prælectiones in duodecim libros Codicis Justiniani Imp. Editio tertia. — *Amstelodami, apud Ludov. Elzevirium*, 1653. *1 vol. in-fol.* **A 4**

— Institutiones Imperiales erotematibus distinctæ. Editio novissima — *Vesaliæ*, 1670. *1 vol. in-18.* **A 2**

Perier (S. Du). OEuvres. Nouv. Edit. — *Avignon, Joly*, 1759. *3 vol. in-4°.* **K 2**

— Questions notables du droit. — *Grenoble, Jean Nicolas*, 1668. *1 vol. in-4°.* **K 2**

Perray (M. Du). Traité historique et chronologique des Dixmes. — *Paris*, 1748. *2 vol. in-12.* **N 4**

Perrier (Fr.). Arrêts notables du Parlement de Dijon. — *Dijon*, 1735. *2 vol. in-fol.* **B 1**

Perrin (J.-B.). Traité des Nullités de droit en matière civile. — *Lons-le-Saulnier, Gauthier neveu*, 1816. *1 vol. in-8°.* **I 6**

Perrin (L.). Code des constructions et de la contiguité. 2° édition. *Paris, Pourchet*, 1842. *1 vol. in-8°.* **E 5**

— Code Perrin, ou Dictionnaire des constructions et de la contiguité, refondu par A. Rendu. 2° édition. — *Paris, Cosse*, 1868. *1 vol. in-8°.* **E 5**

Persil (J.-C.). Questions sur les Privilèges et Hypothèques, saisies immobilières et ordres. 2° édition. — *Paris*, 1820. *2 vol. in-8°.* **I 5**

Persil. Régime hypothécaire. 3° édition. — *Paris*, 1820. *2 vol. in-8°.* **I 5**

Persil et Croissant. Des Commissionnaires et des achats et ventes. — *Paris, Joubert*, 1836. *1 vol. in-8°.* **D 8**

Petit. Traité des Surenchères. — *Paris, Cosse*, 1848. *1 vol. in-8°.* **H 7**

Petit (Georges). Texte de la Loi sur la Presse du 29 juillet 1881, commentée par la circulaire ministérielle relative à son application. — *Paris, Marchal Billard*, 1882. *1 vol. in-18.* **E 9**

Petitus (Sam). Leges Atticæ. — *Parisiis, sumptibus Caroli Morelli,* 1635. 1 vol. in-fol. **O 2**

Peyret Lallier. Traité sous la forme de commentaire sur la législation des Mines, etc. — *Paris, Thorel et Guilbert,* 1844. 2 vol. in-8°. **E 5**

Philippi. Arrêts de conséquence de la Cour des Aydes de Montpellier (copie du registre appelé vulgairement le Philippi du Palais). — 1 vol. petit in-4°. **B 3**

— Édits et ordonnances du Roy sur les Cours des Aydes de France. — *Montpellier, Jean Gilet,* 1597. 1 vol. in-fol. **B 3**

Phillips (R.). Des Pouvoirs et des obligations des Jurys, traduit de l'anglais par Ch. Comte ; 2° édit. — *Paris, Rapilly,* 1828. 1 vol. in-8°. **H 6**

Philouze (Paul). Manuel du contrat d'Assurance. — *Paris, Larose,* 1879. 1 vol. in-8°. **E 5**

Pigeau. La Procédure civile des Tribunaux de France. — *Paris, Garnery,* 1808. 2 vol. in-4°. **H 9**

Pinard (Os.). Le Barreau. — *Paris, Pagnerre,* 1843. 1 vol. in-8°. **H 7**

Platinæus. Excellentissimi Platinæi vitas Summorum Pontificum ad Sixtum IV pontificem maximum præclarum opus feliciter explicit 1485. — 1 vol. petit in-fol. **A 2**

Pocquet de Livonière. Règles du droit français. 3° édition. — *Paris, Coignard père,* 1737. 1 vol. in-12. **O 6**

— Traité des Fiefs. — *Paris,* 1756. 1 vol. in-4°. **K 3**

Poirel. Lois organiques du gouvernement et de l'administration de la France, ou manuel du citoyen. — *Paris, Hingray,* 1845. 1 vol. in-8°. **E 4**

Poitvin (Le) **et Delamarre.** Traité de Droit commercial. — *Paris, Hingray,* 1861. 6 vol. in-8°. **D 8**

Polier. Mes loisirs. Recueil de mémoires et consultations. — 5 vol. in-4°. **C 2**

Polletus (F.). Historia Fori Romani. — *Lugduni,* 1588. 1 vol. in-12. **A 2**

Polyanthea. Novissima Polyanthea in libros XX dispertita. — *Francofurti, sumptibus Lazari Zetzweri*, 1613. *1 vol. in-fol.* **A 1**

Poncet. Traité des Jugements. — *Dijon, Lagier,* 1822. *2 vol. in-8°.*
H 8

Ponsot. Traité du Cautionnement en matière civile et commerciale. — *Paris et Dijon*, 1844. *1 vol. in-4°* **I 5**

Pont (Paul). Explication des titres 18 et 19 livre 3 du Code Napoléon, ou commentaire-traité des privilèges et des hypothèques et de l'expropriation forcée. — *Paris*, 1859. *2 vol. in-8°.* **I 9**

— Explication théorique et pratique du Code civil. Des petits Contrats. —*Paris*, 1867. *2 vol. in-8°.* **I 9**

— Traité-commentaire des Sociétés civiles et commerciales. — *Paris*, 1880. *2 vol. in-8°.* **I 9**

Pont et Rodière. Traité du Contrat de Mariage et des droits respectifs des époux. — *Paris*, 1865. *2 vol. in-8°.* **I 9**

Pothier. Traité du Contrat de mariage. — *Orléans et Paris*, 1768. *2 vol. in-12.* **O 6**

— OEuvres, publiées par Dupin. — *Paris, Béchet aîné*, 1824. *11 vol. in-8°.* **J 3**

Poujol. Traité des Donations entre vifs et des Testaments. — *Paris, Nève*, 1836. *4 vol. in-8°.* **I 5**

— Traité des Successions ; 2ᵉ édition. — *Paris, Delamotte*, 1843. *2 vol. in-8°.* **I 5**

Poujol (Amédée). Le Catholicisme et la Société moderne. — *Montpellier, Gras*, 1862. *1 vol. in-12.* **E 4**

— Méditations religieuses, philosophiques et sociales. — *Paris, Durand*, 1866. *1 vol. in-8°.* **E 4**

Pouillet (Eug.). Traité des marques de fabrique et de la concurrence déloyale en tous genres. — *Paris, Marchal, Billard et Cie*, 1875. *1 vol. in-8°.* **H 6**

— Traité théorique et pratique des brevets d'invention et de la contrefaçon ; 2ᵉ édition. — *Paris, Marchal et Billard*, 1879. *1 vol. in-8°.*
H 6

— Traité théorique et pratique de la propriété littéraire et artistique et du droit de représentation. — *Paris, Marchal et Billard,* 1879. *1 vol. in-8°.* **H 6**

Praticien (Le) français en deux parties. — *Paris, Bavoux jeune,* 1807. *5 vol. in-8°.* **H 8**

Présidiaux. Traité de la juridiction des Présidiaux tant en matière civile que criminelle; par M***, Conseiller au présidial d'Orléans. — *Paris,* 1776. *2 tomes en 1 vol. in-12.* **N 3**

Procédure. Traité élémentaire de Législation et de Procédure à l'usage des élèves de la Faculté de droit de Dijon. — Des Actions. — *Dijon,* 1817. *1 vol. in-8°.* **H 8**

Proudhon. Cours de Droit français. État des personnes et titre préliminaire du Code Napoléon ; 2° édition. — *Dijon, Bernard Defay,* 1810. *2 vol. in-8°.* **I 1**

— Traité des droits d'Usufruit, d'usage, d'habitation et de superficie. — *Dijon, Lagier,* 1824. *8 vol. in-8°.* **I 3**

— Traité du Domaine public. — *Dijon, Lagier,* 1834. *5 vol. in-8°.* **I 3**

— Traité du Domaine privé. — *Dijon, Lagier,* 1839. *3 vol. in-8°.* **I 3**

Q

Questions de droit notables et maximes du droit, tirées de l'usage des textes, du sentiment des docteurs et de la jurisprudence des arrêts, par M***, célèbre avocat au parlement de Provence. — *Grenoble, Giroud,* 1702. *1 vol. in-4°.* **O 6**

— Recueil par ordre alphabétique des principales questions de droit qui se jugent diversement dans les différents Tribunaux du Royaume. — *Paris,* 1718. *1 vol. in-12.* **N 4**

R

Ramonius (J.). Consiliorum una cum sententiis et decisionibus audientiæ regiæ Principatus Cathaloniæ. — *Barcinonæ*, 1628. *1 vol. in-4°*. **K 2**

Ranchinus (Steph.). Miscellanea Decisionum seu resolutionum opera et studio Philippi Bornerii. — *Genevæ, sumptibus Fabri et Barrilliot*, 1709. *1 vol. in-fol.* **A 3**

Rau (Aubry et). Cours de Droit français. — *Paris, 8 vol. in-8°.* **E 6**

Rebel et Juge. Traité théorique et pratique de la législation et de la jurisprudence des Chemins de fer. — *Paris, Cosse et Delamotte*, 1847. *1 vol. in-8°.* **E 6**

Reboul. Sommaire des règlements faits par le bureau de police de la ville de Montpellier. — *Montpellier, Rochard*, 1760. *1 vol. in-8°.* **E 5**

Rebuffus (P.). Commentarii in Constitutiones seu ordinationes regias. — *Lugdunum, ad Salamandræ, apud Seanctomos fratres*, 1550. *1 vol. in-fol.* **A 1**

— In tit. Dig. de Verborum et rerum significatione commentaria amplissima. — *Lugduni, apud Guill. Rouillum*, 1576. *1 vol. in-fol.* **A 2**

— Tractatus de alimentis plenissimus et omni hominum generi præsertim in praxi et foro utilissimus. — *Lugduni*, 1602. *1 vol. in-fol.* **A 1**

Rendu (A.). Code universitaire. — *Paris, Hachette*, 1835. *1 vol. in-8°.* **E 4**

Rendu et Delorme. Traité pratique de droit industriel. — *Paris, Cosse*, 1855. *1 vol. in-8°.* **H 6**

Renouard (A.-C.). Traité des Brevets d'invention. — *Paris, Renouard*, 1825. *1 vol. in-8°.* **H 6**

— Traité des Faillites et Banqueroutes. — *Paris, Guillaumin*, 1842. *2 vol. in-8°.* **D 7**

Rentes. Les principes des Rentes constituées, Charles D. M. C. — *Nimes,* 1758. *1 vol. in-12.* **N 4**

Répertoire méthodique de la législation des Chemins de fer. — *Paris, Imp. Imp.,* 1864. *1 vol. in-fol.* **E 6**

Réponse d'un docteur en droit civil et canonique à la lettre d'un de ses amis sur le droit du Prest et de Retardement. — *Avignon,* 1708. *1 vol. in-12.* **N 4**

Réquier (J.). Partages d'ascendants. — *Paris,* 1868. *Broch. in-8°.* **O 6**

Revue de Droit français et étranger. — 1833 à 1849. *11 vol. in-8°.* **E 2**

Revue historique de Droit français et étranger, publiée sous la direction de MM. Laboulaye, de Rozière, Dareste, Ginouilhac. Années 1855, 1856, 1857. *3 vol. in-8°.* **N 6**

Revue critique de législation et de jurisprudence, publiée sous la direction de M. Wolowski, 1835 à 1880. — *88 vol. in-8°.* (*En cours de publication.*) **D 3, E 3 et 4**

Reynaud et Dalloz. Traité de la Péremption d'instance en matière civile. — *Paris, Cotillon,* 1837. *1 vol. in-8°.* **H 7**

Ricard (J.-M.). Traité des Donations entre vifs et testamentaires, avec la coutume d'Amiens et la coutume de Senlis, commentées par le même auteur. — *Paris,* 1713-1730. *2 vol. in-fol.* **O 2**

Richer (F.). Traité de la mort civile. — *Paris,* 1755. *1 vol. in-4°.* **K 3**

Rieff. Commentaire sur la loi des actes de l'État civil. — *Colmar, Reiffinger et Paris, Videcoq,* 1837. *1 vol. in-8°.* **I 6**

Rigaud et Championnière. Traité des droits d'Enregistrement, de timbre et d'hypothèques. — *Paris,* 1835. *6 vol. in-8°.* **D 5**

Rivière et Huguet. Questions théoriques et pratiques sur la Transcription en matière hypothécaire. — *Paris, Marescq et Dujardin,* 1856. *1 vol. in-8°.* **I 9**

Rivoire. Traité de l'Appel et de l'instruction sur l'appel. — *Paris, Joubert,* 1844. *1 vol. in-8°.* **H 9**

Robert (Anne). Quatre livres des arrests et choses jugées par la Court. — *Paris, Claude Rigaud*, 1611. 1 vol. in-4°. **O 5**

— Annæi Roberti j. c. Rerum judicatarum libri IV, renovata editio. — *Genevæ*, 1620. 1 vol. in-12. **A 2**

Roche Flavin (Bernard de la). Treize livres des Parlements de France. — *Genève, Mathieu Berjon*, 1621. 1 vol. in-4°. **K 3**

— Arrests notables du Parlement de Toulouse. — *Toulouse, Colomiez*, 1682. 1 vol. in-4°. **B 3**

Rochette (Cl. Le Brun de la). Les procès civil et criminel. — *Lyon, Pierre Rigaud*, 1622. 1 vol. in-4°. **K 1**

Rodier. Questions sur l'Ordonnance de Louis XIV du mois d'avril 1667. — *Toulouse, Birosse*, 1761. 1 vol. in-4°. **O 7**

Rodière. Exposition raisonnée des loix de la compétence et de la procédure en matière civile. — *Albi*, 1840. 3 vol. in-8°. **H 8**

— De la Solidarité et de l'Indivisibilité. — *Paris et Toulouse*, 1852. 1 vol. in-8°. **I 9**

Rodière et Pont. Traité du Contrat de Mariage et des droits respectifs des époux. — *Paris*, 1865. 3 vol. in-8°. **I 9**

Roger. Traité de la Saisie-arrêt. 2e édition. — *Paris, Durand*, 1860. 1 vol. in-8°. **H 7**

Rogue. Jurisprudence consulaire et instruction des négociants. — *Angers, Jahyer*, 1773. 2 vol. in-12. **D 6**

Rolland de Villargues. Traité des Enfants naturels. — *Paris, Bavoux*, 1811. 1 vol. in-8°. **I 4**

— Des Substitutions prohibées par le Code civil; 2e édition. — *Paris, Bavoux*, 1821. 1 vol. in-8°. **I 4**

Romiguière. Commentaire de la loi sur les Sociétés en commandite par actions et de la loi sur l'Arbitrage forcé. — *Paris, Cosse*, 1861. 1 vol. in-8°. **D 8**

Rondonneau et Fournel. Les lois rurales de la France; 5e édition. — *Paris, Bossange père*, 1823. 1 vol. in-12. **D 6**

Rousse. Consultation sur les décrets du 29 mars 1880. — *Paris, Durand et Lauriel*, 1880. 1 vol. in-8°. **H 7**

— Autre exemplaire avec l'adhésion motivée de M. Demolombe et celle d'un grand nombre de membres du barreau. — *Paris,* 1880. *1 vol. in-4°*. **H 7**

Rousseau (J.-J.). Du Contrat social ou principes du droit politique. — *Amsterdam,* 1762. *1 vol. in-12.* **N 4**

Roussilhe. La jurisprudence entre vifs, suivant l'usage de tous les parlements et siéges du royaume. — *Avignon, Delaire,* 1771. *3 vol. in-12.* **O 6**

— Traité de la Dot, à l'usage du pays de droit écrit et de celui de coutume. — *Clermond-Ferrand, Delcros,* 1785. *2 vol. in-12.* **I 5**

Roye (De). Canonici juris Institutionum libri tres, opera et studio Francisci de Roye. — *Parisiis, apud Ant. Dezallier,* 1681. *In-12.* **O 6**

Ruffat. In quatuor libros Institutionum Imperialium commentarius academicus. — *Tolosæ,* 1832. *1 vol. in-8°.* **A 3**

S

Sabadel. La législation en vigueur sur les Eaux minérales. — *Montpellier, Ricard frères*, 1865. *1 vol. in-8°.* **D 5**

Saillet et Olibo. Code des Contributions indirectes. Nouvelle édition. — *Lyon*, 1865. *3 vol. in-8°.* **E 6**

Sainctyon (De). Les Edicts et ordonnances des roys, coustumes des provinces, règlements, arrêts et jugements notables des Eaux et Forêts. — 1610. *1 vol. in-fol.* **B 1**

Salinas (Don José). Manuel des droits civils et commerciaux des Français en Espagne et des étrangers en général. — *Paris, Renouard*, 1829. *1 vol. in-8°.* **H 6**

Salvaing (D. de). De l'usage des Fiefs et autres droits seigneuriaux; 2ᵉ édition. — *Grenoble*, 1668. *1 vol. in-fol.* **B 1**

Salviat. Traité de l'Usufruit, de l'usage et de l'habitation. — *Limoges, Bargeas, et Paris, Hacquart*, 1817. *2 vol. in-8°.* **I 4**

Sanchez (R. P. Tho.). R. P. Thomæ Sanchez cordubensis e societate Jesu De sancto Matrimonii sacramento disputationes. — *Lugduni, sumptibus Laurentii Anisson*, 1739. *3 vol. in-fol.* **A 2**

Sarpi (Fra Paolo). Histoire du Concile de Trente (traduction par de la Mothe Josseval). — *Amsterdam, Blaeu*, 1683. *1 vol. in-4°.* **K 1**

— Traité des Bénéfices. — *Amsterdam*, 1687. *1 vol. in-12.* **N 4**

Sarrazin (Th.). Code pratique des Prudhommes; 3ᵉ édition. — *Paris, Marchal Billard*. *1 vol. in-18.* **D 6**

Savary (L.). Dictionnaire universel de Commerce. — *Genève, chez les héritiers Cramer et les frères Philibert*, 1742. *3 vol. en 4 t. in-fol.* **B 5**

Savary, Dupuis de la Serra et Claude Nolot. Le parfait Négociant. — *Genève, chez les frères Cramer et Cl. Philibert*, 1752. *2 vol. in-4°.* **D 6**

Savigny (F.-C.). Traité de la Possession en droit romain (traduction de l'allemand par Ch. Faivre d'Audelange). — *Paris*, 1842. 1 vol. *in-8°*. **A 3**

Serafini (Ph.). Le Télégraphe dans ses relations avec la jurisprudence civile et commerciale (traduction de l'italien par Lavialle de Lameillère). — *Paris, Durand*, 1863. 1 vol. *in-8°*. **E 5**

Seriziat (H.). Traité du régime dotal — *Lyon, Dorier*, 1843. 1 vol. *in-8°*. **I 5**

Serpillon. Code criminel, ou commentaire sur l'ordonnance de 1670. — *Lyon, Perisse frères*, 1767. 2 vol. *in-4°*. **K 2**

Serres. Explication de l'ordonnance du roy Louis XV, du 16 janvier 1736, portant règlement pour les adjudications par Décret en Languedoc. — *Amsterdam et Montpellier*, 1744. 1 vol. *in-12*. **B 3**

Serres (C.). Les Institutes du droit français, suivant l'ordre de celles de Justinien. — *Paris*, 1771. 1 vol. *in-4°*. **B 3**

Serres (P.). Histoire de la Cour des Comptes, Aydes et Finances de Montpellier. — *Montpellier*, 1878. 1 vol. *gr. in-8°*. **E 5**

Sirey. Les Codes annotés de Sirey, refondus par Gilbert avec le concours pour la partie criminelle de MM. Faustin Hélie et Cuzon : Code Civil, 1 vol. Procédure civile, 1 vol. Code de Commerce, 1 vol. Code d'Instruction criminelle, pénal et forestier, 1 vol. Supplément, 2 vol. **G 8**

— Recueil général des lois et arrêts en matière civile, criminelle, administrative et de droit public, fondé par J.-B. Sirey, rédigé depuis 1834 par Devilleneuve, Carette et Gilbert. — 78 vol. *in-4°*. (*En cours de publication.*) **G 2 à 7**

— Jurisprudence du Conseil d'Etat, 1806 à 1821. — *5 vol. in-4°*. **H 3**

Solon. Répertoire administratif et judiciaire. — *Paris, Guilbert et Thorel*, 1845. 4 vol. *in-8°*. **H 5**

— Théorie sur la Nullité des Actes et des Conventions. — *Paris, Guilbert et Thorel*, 1840. 2 vol. *in-8°*. **I 5**

— Traité des Servitudes réelles. — *Paris*, 1841. 1 vol. *in-8°*. **I 4**

Solon et Jouanneau. Discussions du Code Civil dans le Conseil d'Etat, avec notes. — *Paris, Demonville*, 1805. 3 vol. *in-4°*. **I 4**

Soulatges (J.-A.). Nouveau Code du Faux, ou esprit de l'ordonnance du mois de juillet 1737. — *Toulouse, Rayet*, 1780. *1 vol. in-8°*
O 6

— Style universel de toutes les Cours et Juridictions du royaume, concernant les saisies et exécutions tant des meubles que des immeubles, par J. A. S. (Soulatges). — *Toulouse*, 1757. *2 vol. in-12.*
N 3

— Style universel de toutes les Cours et Juridictions du royaume concernant les saisies et exécutions. Nouvelle édition. — *Toulouse, Robert*, 1784. *2 vol. in-12.*
N 3

— Traité des Crimes. — *Toulouse, Dupleix*, 1785. *3 vol. in-12.* **O 6**

Souquet (J.-B.). Dictionnaire des termes légaux de droit et de procédure. — *Paris, Hingray, Cosse et Delamotte*, 1846. *2 vol. in-f°.*
O 8

Sourdat (A.). Traité général de la responsabilité et de l'action en dommages-intérêts en dehors des contrats. — *Paris, Cosse et Delamotte*, 1852. *2 vol. in-8°.*
E 8

Sparre (De). Code militaire, ou compilation des règlements et ordonnances de Louis XIV faites pour les gens de guerre depuis 1651 jusqu'à présent. — *Paris*, 1707. *1 vol. in-12.* **N 4**

Stile universel de toutes les Cours et Juridictions du royaume pour l'instruction des matières civiles, suivant l'ordonnance de Louis XIV, d'avril 1667. — *Paris*, 1716. *2 vol. in-18.* **N 3**

Stourm et Gillon. Code des Municipalités. — *Paris, Moutardier*, 1834. *1 vol. in-12.* **H 5**

Straccha (Bon.). De Mercatura decisiones et tractatus varii, et de rebus ad eam pertinentibus. — *Lugduni, Sumptibus Claudii Landry*, 1621. *1 vol. in-f°.* **A 3**

Sully (Duc de). Mémoires de Maximilien de Béthune, duc de Sully. *Londres*, 1747. *3 vol. in-4°.* **K 2**

T

Taillandier (A.). Loi de la Procédure civile du canton de Genève. — *Rennes, Blin; Paris, Joubert,* 1837. 1 vol. in-8°.   **H 6**

Tajan, Curie, Sombres et Fort. Mémorial de jurisprudence des Cours royales de France. — *Toulouse,* 1838. 47 vol. in-8°. **G 1**

Talandier. Traité de l'Appel en matière civile. — *Paris, Cotillon et Videcoq,* 1839. 1 vol. in-8°.   **H 9**

Talon. Traité de l'autorité des Rois touchant l'administration de l'Église, augmenté du discours de M. d'Aguesseau. — *Amsterdam,* 1700. 1 vol. in-18.   **N 4**

Tarbé. Manuel Roret. Nouveau manuel complet des poids et mesures, des monnaies, du calcul décimal et de la vérification. — 1840. 1 vol. in-12.   **O 6**

— Lois et Règlements à l'usage de la Cour de Cassation. — *Paris, Roret-Videcoq,* 1840. 1 vol. in-4°.   **E 4**

Tardieu (Ambroise). Étude médico-légale sur la Folie; 2ᵉ édition. — *Paris, Baillière et fils,* 1880. 1 vol. in-8°.   **E 8**

— Étude médico-légale sur la Pendaison, la strangulation et la suffocation ; 2ᵉ édition. — *Paris, Baillière et fils,* 1879. 1 vol. in-8°. **E 8**

— Étude médico-légale sur l'Infanticide; 2ᵉ édition. — *Paris, Baillière et fils,* 1880. 1 vol. in-8°.   **E 8**

— Étude médico-légale sur les attentats aux mœurs; 7ᵉ édition. — *Paris, Baillière et fils,* 1878. 1 vol. in-8°.   **E 8**

— Étude médico-légale sur l'Avortement ; 4ᵉ édition. — *Paris, Baillière et fils,* 1881. 1 vol. in-8°.   **E 8**

Tardieu et Roussin. Étude médico-légale et clinique sur l'Empoisonnement; 2ᵉ édition.— *Paris, Baillière,* 1874. 1 vol. in-8°. **E 8**

Terrasson (Ant.). Histoire de la Jurisprudence romaine. — *Paris, chez Jean de Nully,* 1750. 1 vol. in-f°.   **A 5**

Tessier (H.). Traité de la Dot. — *Paris, Nève,* 1835. 2 *vol. in-8°.* **I 5**

Théophile. Institutiones Theophilo antecessore græco interprete Imperatoris Justiniani Institutionum libri IV. — *Genevæ,* 1620. *1 vol. in-4°.* **A 3**

— Theophilus renovatus, sive levis ac simplex via ad Institutiones juris civilis. — *Tolosæ, apud Johannem Dupuy,* 1692. *1 vol. in-4°.* **A 3**

Thévenot Dessaules. Dictionnaire du Digeste, ou substance des Pandectes justiniennes. — *Paris, Garnery,* 1808. 2 *vol. in-8°.* **A 3**

Thibault Lefebvre. Code des donations pieuses. — *Paris, Cosse,* 1850. *1 vol. in-8°.* **H 6**

Thou (de). Histoire universelle de Jacques-Auguste de Thou, 1543-1607; traduite sur l'édition latine de Londres. — *Londres,* 1734. *16 vol. in-4°.* **J 1**

Tocqueville (De) **et De Beaumont.** Du Système pénitentiaire aux États-Unis, et de son application en France; 2° édition. — *Paris, Gosselin,* 1836. 2 *vol. in-8°.* **E 6**

Toubeau (J.). Les Institutes du droit consulaire; 2° édition. — *Paris, Nicolas Gosselin,* 1700. 2 *vol. in-4°.* **D 6**

Toullier. Le Droit civil français. — *Paris, Warée,* 1824. *21 vol. in-8°* *(manque le 4°).* **I 4**

Tourtoulon (Ch. de). Étude sur la maison de Barcelone, Jacme Ier le Conquérant. — *Montpellier, Gras,* 1863. 2 *vol. in-8°.* **E 4**

— La Procédure symbolique en Aragon. — *Montpellier, Gras,* 1868. *1 vol. in-8°.* **O 6**

Trébuchet (A.). Code administratif des établissements dangereux, insalubres et incommodes. — *Paris, Béchet jeune,* 1832. *1 vol. in-8°.* **H 5**

Trescaze (A.). Nouvelle édition du Dictionnaire général, ou manuel alphabétique des Contributions indirectes, des octrois et des manufactures de l'État. — *Lons-le-Saulnier, Victor Damelet,* 1878. *1 vol. in-4°.* **E 6**

Tristany (Bon. de). Sacri Supremi regii Cathaloniæ senatus decisiones. — *Barchinonæ,* 1686. 3 *vol. in-4°.* **K 2**

Tronson. Le Droit français et coutume de la prévoté et vicomté de Paris. — *Paris,* 1664. *1 vol. in-fol.* **O 2**

Troplong. Le Droit civil expliqué suivant l'ordre des articles du Code. — *Paris, Hingray, 27 vol. in-8°*. **I 8**

U

Us et Coutumes. Les Us et Coutumes de la mer. — *Rouen, chez Jean Lucas, 1671. 1 vol. in-4°*. **D 6**

Usages Locaux. Recueil des usages locaux dans le département de l'Hérault. — *Montpellier, Gras, 1859. 1 vol. in-8°*. **E 5**

V

Valesius (H). Historia Ecclesiastica ab Henrico Valesio in linguam latinam conversa. — *Parisiis*, 1677. *1 vol. in-fol.* **A 2**

Valette. Explication sommaire du livre 1er du Code Napoléon. — *Paris*, 1859. *1 vol. in-8°.* **I 9**

Valin (Jos). Nouveau commentaire sur l'ordonnance de la marine du mois d'août 1681. — *La Rochelle, chez Jérôme Légier*, 1766. *2 vol. in-4°.* **D 6**

Vallesius (Fr.). Francisci Vallesii covarrubiani doct. medici De iis quæ scripta sunt physicæ in libris sacris, sive de sacra Philosophia liber singularis. — *Lugduni*, 1595. *1 vol. in-12.* **A 2**

Vanhuffel. Traité du contrat de Louage appliqué aux voituriers, entrepreneurs de messageries. — *Paris*, 1841. *1 vol. in-8°.* **D 7**

Vattel. Le Droit des gens, ou principes de la loi naturelle. Nouvelle édition. — *Paris, Rey et Gravier, et Lyon, Blache*, 1820. *2 vol. in-8°.* **H 6**

Vazeille. Traité des Prescriptions suivant les nouveaux codes français. — *Riom, Thibaud*, 1822. *1 vol. in-8°.* **I 5**

— Traité du Mariage, de la puissance paternelle et de la puissance maritale. — *Paris, Bavoux et Nève*, 1825. *1 vol. in-8°.* **I 5**

— Résumé et Conférence des Commentaires du Code civil sur les Successions, donations et testaments. — *Clermont-Ferrand, Thibaut Landriot*, 1837. *3 vol. in-8°.* **I 5**

Vegetius. Fl. Vegetii Renati comitis aliorum que aliquot veterum de re militari libri. — *Ex officina Plantiniana*, 1607. *1 vol. in-4°.* **A 3**

Velly et Garnier. Histoire de France depuis l'établissement de la monarchie jusqu'au règne de Louis XIV. — *Paris*, 1755 à 1786. *30 vol. in-12.* **N 4**

Vest (Bar. le). CCXXXVII Arrests celebres et memorables du Parlement de Paris. — *Paris, Robert Fouët*, 1612. *1 vol. in-4°.* **K 3**

Vigié. Étude sur les Impôts indirects romains. — *Paris, Thorin*, 1881. *1 vol. in-8°*. **O 6**

Vignerte (B.). Manuel juridique et pratique de l'Irrigateur. — *Paris, Delessart*, 1846. *1 vol. in-8°*. **D 5**

Vincens (E.). Exposition raisonnée de la législation commerciale. — *Paris, Le Roi et Videcoq*, 1834. *3 vol. in-8°*. **D 6**

Vinnius (Arn.). Arnoldi Vinnii in quatuor libros Institutionum imperialium Commentarius. — *Coloniæ Allobrogum et Lugduni, apud fratres de Tournes*, 1729. *2 tomes en 1 vol. in-4°*. **A 3**

— Arnoldi Vinnii j. c. præstantissimi in quatuor libros Institutionum imperialium Commentarius. — *Antverpiæ, apud viduam Hieronymi Verdussen*, 1692. *2 vol. in-4°*. **A 3**

Voet (Joh.). Johannis Voet Commentarius ad Pandecta. Editio nova. — *Parisiis, Gautier*, 1829. *4 vol. in-4°*. **A 3**

Vossius (G.-J.). Gerardi Joannis Vossii Etymologicon linguæ latinæ — *Lugduni*, 1664. *1 vol. in-f°*. **A 1**

Vouglans (Muyart de). Instruction criminelle suivant les lois et ordonnances du royaume. — *Paris*, 1762. *1 vol. in-4°*. **K 2**

Vulson. Traité des élections d'héritier contractuelles et testamentaires; nouvelle édition. — *Toulouse*, 1753. *1 vol. in-4°*. **O 7**

W

Wesenbeccius (Math.). Matthæi Wesenbeccii Commentarius in Institutionum juris libros IIII. — *Basileæ*, 1576. *1 vol. in-12.* **A 3**

— Matthæi Wesenbeccii in Pandectas juris civilis et Codicis Justinianei libros Commentarius. — *Basileæ*, 1595. *1 vol. in-4°.* **A 3**

Z

Zacchia (P.). Pauli Zacchiæ medici romani Collegii archiatrorum quæstiones medico-legales. Editio quarta. — *Avenione, ex typographia Joannis Piot*, 1655. *1 vol. in-f°.* **A 3**

SUPPLÉMENT

Ouvrages survenus pendant l'impression.

Page 17. — (Après Rebuffus). **Laurière** (Eus. de). Glossaire du droit français, contenant l'explication des mots difficiles qui se trouvent dans les ordonnances de nos Roys. — *Paris*, 1704. 2 vol. in-4°.
K 2

Page 31. — (Après Serres). **Espeisses** (D'). OEuvres de M. Antoine d'Espeisses, avocat et jurisconsulte de Montpellier. Nouvelle édition, revue, corrigée et augmentée par Guy du Rousseaud de La Combe. — *Toulouse, Dupleix*, 1778. 3 vol. in-4°.
B 3

Page 38 et 206. — **Revue** Judiciaire de la Cour d'Appel de Montpellier. — *Montpellier, Grollier*, 1882. *(En cours de publication.)*
G 8

Page 55. — **Madre** (De). Formulaire pour Inventaires. — *Paris, Durand*, 1852. 1 vol. in-4°.
O 7

Page 59. — **Madre** (De). Formulaire pour Contrats de mariage. — *Paris, Cosse et Marchal*, 1859. 1 vol. in-4°.
O 7

Page 90. — (Après Solon). **Poirel**. Lois organiques du gouvernement et de l'administration de la France, ou manuel du citoyen. — *Paris, Hingray*, 1845. 1 vol. in-8°.
E 4

Pages 97 et 158. — **Durieu** (E.). Poursuites en matière de contributions directes, avec un annexe ou traité sous forme de règlement des poursuites en matière d'amendes et condamnations pécuniaires. — *Paris*, 1876. 3 vol. in-8°.
E 6

www.ingramcontent.com/pod-product-compliance
Lightning Source LLC
Chambersburg PA
CBHW051904160426
43198CB00012B/1749